LE BUSSOLE / 286

STUDI LINGUISTICO-LETTERARI

1ª edizione, ottobre 2007

Finito di stampare nell'ottobre 2007
da Eurolit, Roma

ISBN 978-88-430-4300-2

I lettori che desiderano
informazioni sui volumi
pubblicati dalla casa editrice
possono rivolgersi direttamente a:

Carocci editore

Via Sardegna 50
00187 Roma.
TEL 06 42 81 84 17
FAX 06 42 74 79 31

Visitateci sul nostro sito Internet:
http://www.carocci.it

Riccardo Gualdo

L'italiano dei giornali

Carocci editore

Indice

Introduzione. Lingua dei quotidiani e lingua quotidiana

All'inizio dell'Ottocento, per il filosofo tedesco Hegel, la lettura della gazzetta era la «preghiera laica del mattino». Ma da tempo le notizie sui fatti del giorno arrivano da altri canali: la televisione, la rete, i videofonini di nuova generazione collegati a TV e ad agenzie d'informazione. Un flusso virtualmente continuo, nel contesto di quella che è stata chiamata la *convergenza* dei media e che rende sempre più difficile distinguere in base al mezzo le diverse forme di giornalismo (di *giornalismi*, o di *multigiornalismi*, hanno parlato Angelo Agostini, 2004, e Mario Morcellini, in Morcellini, Roberti, 2001). Un'altra celebre frase, «La radio ci dà la notizia; la televisione ce la fa vedere; il giornale ce la fa capire», attribuita al fondatore di "Le Monde" Hubert Beuve Méry, è confermata e allo stesso tempo smentita dall'attuale sistema dei media, divenuto coinvolgente e plurale, e nel cui discorso le voci s'intrecciano e i ruoli si confondono. Questo stato di cose ha modificato le abitudini di lettura, ha influito sul pubblico dei lettori e sulla professionalità dei giornalisti e infine ha prodotto effetti profondi sulla forma stessa del quotidiano.

Noi italiani, si sa, non siamo grandi lettori di quotidiani; i dati della FIEG (Federazione italiana degli editori giornalistici) relativi al gennaio 2007 indicano in circa 5 milioni le copie di quotidiani vendute al giorno, di cui il 10% in abbonamento; in Gran Bretagna la media oscilla tra i 13,5 e i 15 milioni. Va poi considerata la differenza tra i quotidiani realmente venduti (e quindi pagati) e quelli stampati ma poi distribuiti, a vario titolo, gratuitamente; un'importante e coraggiosa inchiesta di Bernardo Iovene (*Report*, Rai Tre, 26 aprile 2006) getta luce sul fatto che molti quotidiani accedono al finanziamento statale proprio gonfiando le cifre della loro tiratura.

I lettori forti, che comprano uno o più quotidiani tutti i giorni e sono fedeli al loro giornale, sono in netto calo, a vantaggio dei lettori occasionali, che comprano il giornale due o tre volte alla settimana. Rispetto ad altri paesi, ogni 1.000 abitanti solo 103 comprano ogni giorno il quotidiano, un dato inferiore a quello di Spagna (107) e Francia (153), ma soprattutto lontanissimo da quelli di Giappone (577) e Norvegia (588) (cfr. Bonomi, 2003, p. 127). Anche i tempi di lettura si sono ridotti: si dedicano circa 15-20 minuti al giorno alla lettura del giornale: un'inezia rispetto al tempo medio d'ascolto della radio o alle ore passate davanti allo schermo del televisore o del computer. La prima conseguenza è che la lettura si concentra soprattutto sui titoli e sui testi più brevi (trafiletti, riquadri riassuntivi); l'attenzione è poi attratta e guidata – tanto più dopo l'introduzione del colore – da immagini (foto-notizie) e infografica, i cui spazi sono aumentati a dismisura.

La pressione di altri media ha cambiato il pubblico dei lettori: oggi i giovani dai 14 anni in su leggono molto meno il giornale (anche se i dati di inizio 2007 segnano una lieve ripresa) e sembrano poco interessati all'informazione in televisione, che invece attira e trattiene ancora il pubblico adulto e anziano; una ricerca del 2000 sul consumo mediatico degli americani stabiliva che solo il 17% dei minori di 30 anni segue regolarmente i telegiornali della sera (Staglianò, 2002, pp. 80-1). Il fatto che «il giovane che non legge adesso i giornali probabilmente non lo farà neanche domani» non è confortante, visto che «gli stili dei consumi culturali dei giovani tendono a diventare a distanza di cinque anni gli stili di consumo culturale di tutta la società»; ma Mario Morcellini non è pessimista, e ripone fiducia nel processo di diversificazione dell'offerta di notizie, soddisfatta da una pluralità di mezzi molto maggiore che in passato (Morcellini, Midulla, 2003, pp. 295 ss.). Probabilmente la televisione sottrae ai giornali anche i lettori d'età più avanzata, in aumento nella vecchia Europa e in tutti i paesi ricchi, che possono essere infastiditi da un'impaginazione mossa e disordinata o, anche, dall'abuso di corpi tipografici molto piccoli (titoli a parte) per dar spazio alle immagini.

La confusione degli stili comunicativi, con l'adozione da parte della stampa di forme espressive ispirate a programmi televisivi, ha cambiato il linguaggio, ma anche la forma esterna del quotidiano: la televisione delle origini, tra gli anni cinquanta e sessanta, imitava l'informazione a stampa; dagli anni settanta il processo si è invertito e i quotidiani si sono prima settimanalizzati e poi "televisivizzati" (cfr. PAR. 1.3). D'altra parte la possibilità per chiunque di accedere alle fonti d'informazione direttamente dalla rete e tanto rapidamente quanto un giornalista professionista ha modificato il ruolo stesso dei giornali nella costruzione dell'opinione pubblica.

Nonostante questi cambiamenti, i quotidiani restano uno specchio piuttosto fedele della lingua: raccolgono, registrano e diffondono nuove parole e nuovi modi di dire, persino nuovi costrutti grammaticali e sintattici, contribuendo a fissarli nel *repertorio* sociolinguistico (l'insieme delle varietà di lingua disponibile ai parlanti e agli scriventi) e attribuendo loro un'ufficialità e un'autorevolezza che i nuovi media ancora non sono in grado di garantire.

Si può quindi affermare che la lingua dei giornali resta tutt'ora un modello di prestigio. In una società dove ancora una quota cospicua di popolazione non ha la licenza media (dati del censimento 2001) la scrittura dei giornali resta un potente strumento di acculturazione. Una "riserva di buon uso" della lingua o un ricettacolo di sciocchezze e di mostruosità grammaticali? Un modello buono o un modello cattivo? Su questo le opinioni sono divergenti. O meglio, nessuno contesta il prestigio dei giornali e il loro importante ruolo formativo, da valorizzare – come avviene dalla seconda metà degli anni settanta – nella didattica scolastica (cfr. Fuccio, Pedicini, 2003); ma c'è chi, pur suggerendone un uso cauto, li considera ancora un buon campionario di parole ed espressioni utili a «giocare su una tastiera espressiva più ampia di quella abituale» (Serianni, 2003) e chi, al contrario, ne lamenta la trasandatezza, pericolosa proprio per i rischi di contagio (Arcangeli, 2001). I segnali di sgretolamento della scrittura giornalistica sotto la pressione degli altri media, in cui domina il parlato irriflesso, cioè spontaneo e poco controllato, sono allarmanti. È vero che dalla fine degli anni novanta le università italiane hanno dato vita a innumerevoli corsi e master di giornalismo, spesso ricorrendo a penne illustri per far respirare agli studenti l'atmosfera della vita di redazione, ma ci sentiamo di condividere quanto ha scritto recentemente uno dei maggiori storici della stampa italiana: «La cosa preoccupante [...] è che della formazione linguistica nessuno si occupa, per cui noi avremo dei giornalisti che dopo tre anni di università magari spesso conosceranno [...] la storia contemporanea, ma non sapranno esprimersi in italiano» (Tranfaglia, 2003, p. 271).

Questo volume, destinato a non specialisti, si propone di offrire una guida semplice alla lingua giornalistica e alle principali parti che compongono il giornale come insieme di testi di varia natura. Si

concentrerà, pertanto, sia nell'analisi sia negli esempi, sulla scrittura dei quotidiani, a stampa e in versione elettronica, lasciando ad altri studi l'analisi del giornalismo periodico, radiofonico e televisivo. Nell'impianto generale e nella scelta degli esempi questo lavoro deve più di quanto non appaia in superficie al fondamentale studio di Maurizio Dardano (1986) e alle più recenti ricerche di Ilaria Bonomi (2002, 2003); utile per i suoi spunti è stato anche il volume di Nadia Tarantini (1998) e ricca di informazioni la miscellanea curata da Roidi (2003).
Per comodità, le testate dei giornali sono indicate, a volte, in forma sintetica (per esempio "Corriere" per "Corriere della Sera", "Repubblica" per "la Repubblica", "Unità" per "l'Unità").
Ringrazio Francesca Anania, Diego Femia, Giovanni Fiorentino e Stefano Telve per la loro lettura attenta e i suggerimenti; gli studenti di Lecce e di Viterbo per la simpatia e la pazienza che mi hanno dimostrato tra il 2000 e oggi.

1. Breve storia della scrittura giornalistica

Giovanni Bechelloni e Alessandro Mazzanti (Mazzanti, 1991, pp. 11-2) dividono la storia del giornalismo italiano in tre fasi: dalle origini alla riforma fascista del 1925; dal 1925 alla metà degli anni ottanta; dagli anni ottanta a oggi. È una suddivisione che si ispira a criteri storici e tecnici più che linguistici e che sottostima la fase che va dal miracolo economico agli anni settanta. Pertanto la integreremo, con qualche piccolo aggiustamento, cercando di cogliere anche le fasi principali di passaggio da un modello linguistico a un altro.

1.1. Dalle origini al secondo dopoguerra Fissando il punto di partenza agli anni della creazione del nuovo Stato unitario (i fogli giacobini di fine Settecento e il pulviscolo di giornali politici della prima metà del secolo successivo hanno poco a che fare con il giornale in senso moderno), sarà opportuno ricordare che i primi quotidiani a diffusione nazionale cominciano ad apparire nelle grandi metropoli quasi tutti dopo l'unità d'Italia (Torino: "La Gazzetta del popolo" nel 1852 e poi "La Stampa" nel 1867; Milano: "Il Secolo" nel 1866 e "Il Corriere della Sera" nel 1876; Firenze: "La Nazione" nel 1859; Roma: "Il Messaggero" nel 1878; Napoli: "Roma" nel 1862; Palermo: "Il Giornale di Sicilia" nel 1860). La nascita del telegrafo, che dal 1866 unisce le due sponde dell'Atlantico, dà impulso alle grandi agenzie internazionali, già nate intorno alla metà del secolo (la tedesca e poi britannica Reuters, la francese Havas e la statunitense Associated Press; in Italia l'agenzia Stefani nasce a Torino nel 1853). La diffusione comincia a essere più capillare (le edicole compaiono a Milano nel 1861), tuttavia, ancora nel 1876 "Il Secolo" vende 30.000 copie al giorno.

La lingua di questi giornali è ancora molto eterogenea: nella sintassi, incerta tra modello letterario e maldestri tentativi di svecchiamento, e nel lessico, miscuglio di voci libresche, regionalismi e colloquialismi. Già alla fine degli anni ottanta, quando nascono altri grandi quotidiani ancora oggi in edicola (nel 1885-87 a Bologna "il Resto del Carlino", di tenden-

ze laiche e democratiche; nel 1886 a Genova "Il Secolo XIX", nel 1887 a Venezia "Il Gazzettino") e anche le prime testate minori (per esempio "L'Unione Sarda" e "La Nuova Sardegna" a Cagliari e Sassari), "Il Secolo" vende 100.000 copie; i giornali conquistano strati più ampi di popolazione aprendosi a pubblicità, cronaca locale e necrologi. A dare slancio al giornalismo – come nota De Mauro (1986, pp. 110-3) – contribuiscono le riforme elettorali (tra il 1882 e il 1912 tutti i cittadini maschi accedono al voto, mentre ancora nel 1870 i votanti non superavano il 2% della popolazione), la scolarizzazione e la progressiva riduzione dell'analfabetismo, la crescita industriale e le lotte politiche e sindacali. Si sperimenta un modello giornalistico più moderno, di ispirazione angloamericana ("Il Secolo", "Il Giornale d'Italia") che tocca anche i giornali di qualità ("Stampa", "Corriere"); significativa, anche se fallimentare, l'esperienza di Dario Papa, che nel 1885 dirige "L'Italia" e, ispirandosi al "New York Herald", propone titoli sensazionalistici anche su tutte le cinque colonne della prima pagina, trasformata in una *pagina-vetrina* «in cui colloca anche attualità [...] cronaca nera, e varietà», annunciando con il neretto «i servizi più importanti delle pagine interne» e proponendo uno stile di scrittura «più asciutto e meno letterario» (Murialdi, 2000, pp. 79-80). Le grandi testate sono sostenute da gruppi industriali (i Crespi – commercianti di cotone – per il "Corriere", i Perrone – del gruppo siderurgico Ansaldo – per il "Secolo XIX"), considerati "editori impuri": grandi famiglie che dominano il mercato e appaiono poco interessate alla formazione di una matura opinione pubblica.
In questa prima fase l'italiano dei giornali comincia ad acquisire una fisionomia più precisa: nell'uso dei tempi si diffondono l'*imperfetto cronistico* (di modello francese, cfr. Serianni, 1990, p. 37), utile nelle descrizioni per «prolungare la durata dell'azione, immobilizzandola davanti agli occhi del lettore» (per esempio «volendo fuggire, il malvivente *si gettava* dalla finestra e *cadeva* nella via sottostante»), il *condizionale di modestia* e *di dissociazione* (cfr. PAR. 4.3), l'*infinito iussivo* (corrispondente a un imperativo, per esempio «*esibire* il documento di riconoscimento»); burocratismi come le formule anaforiche per richiamare quanto già detto (cfr. PAR. 3.1), «il detto, il suddetto, e simili» o «l'inserzione del sintagma *di lui, di lei, di loro* (cfr. PAR. 4.2) tra articolo e sostantivo in luogo dell'aggettivo possessivo» (Serianni, 1989, p. 152, nota).

Specialmente nella cronaca, si cristallizzano gli stereotipi, come le coppie di sostantivo-aggettivo prevedibili in base al tema: *audace furto*, *fuga precipitosa*, *efferato delitto* ecc. Queste forme «benché di contenuto informativo molto basso o addirittura nullo, hanno un notevole significato linguistico» perché hanno «abituato la massa dei lettori a familiarizzarsi con un certo tipo di lingua scritta, magari banale e affettata ma comunque utile per allargare le possibilità espressive individuali» nella direzione di una comunicazione media «tra lingua letteraria e italiano parlato (o dialetto)» (Serianni, 1990, p. 34); d'altra parte, i redattori non hanno ancora grande padronanza di un italiano medio (Bonomi, 2002) e la rapidità di confezione dei testi non li aiuta.
Il passaggio da un secolo all'altro, e dai governi della Destra all'età liberale, vede la stampa in prima fila a sostenere le novità politiche: Luigi Albertini fa del "Corriere della Sera" – che già nel primo decennio del Novecento raggiunge le 200.000 copie – il potente strumento della nuova fase storica e della lunga stagione giolittiana. Anche "Secolo" e "Tribuna" tirano oltre 100.000 copie, aumentano la foliazione e il ventaglio degli argomenti trattati; il numero dei quotidiani diminuisce, ma la concentrazione fa crescere i lettori, prima dispersi tra le tante pubblicazioni periferiche (De Mauro, 1986, pp. 347 ss.); si consolida e si amplia l'offerta di giornali dedicati allo sport, inizialmente soprattutto il ciclismo: "La Gazzetta dello Sport", fondata nel 1896 e che dal 1899 è stampata nel colore che la distingue ancora oggi, il rosa, diventa quotidiano nel 1913; la seguono "Il Corriere dello Sport" (dal 1924) e dal 1912 il settimanale "Guerin Sportivo" (cfr. Ormezzano, 2002, p. 393).
L'aspetto generale del quotidiano è ancora austero: la prima pagina, di grande formato e a cinque colonne, ospita solo la politica; grande spazio è riservato alla cronaca giudiziaria e cittadina; si rafforzano due tratti che caratterizzeranno la stampa italiana rispetto a quella europea, cioè uno stile comunicativo che taglia fuori i ceti popolari e una netta commistione tra opinione e cronaca. Solo i supplementi illustrati domenicali (per esempio la "Domenica del Corriere" con le tavole a colori disegnate da Achille Beltrame) e soprattutto le pagine che ospitano la pubblicità strizzano l'occhio alla piccola borghesia e a un pubblico meno acculturato. L'era di Albertini, di Alfredo Frassati alla "Stampa" e di Alberto Bergamini al "Giornale d'Italia" dà il via a «una straordi-

naria stagione dell'editoria e del giornalismo d'opinione e di informazione» (Murialdi, 2000, p. 97). Albertini si ispira al modello del "Times"; Bergamini vivacizza la prima con interviste, servizi degli inviati all'estero e referendum tra i lettori sui temi più vari, dalla "missione della donna" alla "buona lingua italiana", e il 20 dicembre 1901 inaugura la terza pagina culturale, in cui ospiterà i pungenti elzeviri di Ugo Ojetti e gli interventi dei massimi esponenti del verismo letterario (Verga, De Roberto, Deledda). I giornali avversari reagiranno rafforzando le collaborazioni illustri (Graf e Panzini alla "Stampa", D'Annunzio, Papini, Cecchi al "Corriere", Pascoli alla "Tribuna"). Il giornale cambia anche sul piano linguistico, si apre agli influssi del parlato e delle lingue straniere, favorisce un'armonizzazione nazionale del lessico e infine, aprendosi a un ventaglio più ampio di contenuti (sport, economia, letteratura, intrattenimento), diviene uno «strumento di comunicazione in senso pieno» (Bonomi, 2002, p. 15).

Un'altra svolta coincide con gli anni dell'impresa di Libia e della polemica sull'intervento nel primo conflitto mondiale (1911-14): nuove testate nazionaliste, come l'"Idea nazionale" diretta da Enrico Corradini, sostengono animosamente lo sforzo colonialistico, trascinando anche i giornali più moderati; a loro si contrappongono solo "l'Unità", settimanale diretto da Gaetano Salvemini e "l'Avanti" (trasferito da Roma a Milano nel 1911), con le corrispondenze di Eugenio Guarino e le amare vignette di Giuseppe Scalarini.

Durante la guerra matura il giornalismo d'assalto degli inviati al fronte; nel frattempo, il ruolo del direttore si fa più incisivo e la redazione acquista professionalità e autonomia, contribuendo a rendere più omogeneo e meno provinciale lo stile di scrittura. Nel primo venticinquennio del secolo la trasmissione di notizie via telegrafo e telefono (già introdotto nel 1885) incide sulla sintassi, che anche per risparmiare sui costi diviene più secca e agile, coordinativa più che subordinativa (Murialdi, 2000, pp. 101 ss.; Bonomi, 2002, pp. 16 ss.). Si fa più cospicuo l'uso dei modi impliciti, il gerundio e il participio; in particolare, si diffonde il participio passato all'inizio di frase (probabilmente di origine burocratica, e non influenzato dall'inglese, cfr. Bonomi, 2002, p. 18, nota: «[una donna] *Soccorsa* dagli astanti, una guardia di città, sopraggiunta, *la* condusse al San Giovanni»; si noti la ripresa pronominale).

Questi costrutti snelliscono il periodo, anche se comportano il rischio di sconcordanze e anacoluti, come nell'esempio appena citato. Un segno d'innovazione si coglie nello sviluppo dello *stile nominale*, cioè di frasi in cui i verbi sono assenti e sostituiti da nomi, soprattutto sotto la spinta delle cronache di guerra, teatrali e sportive. Interessante è anche l'espansione di costrutti utili alla coesione (cfr. PAR. 3.1), come la ripresa di un sostantivo in funzione esplicativa («Questa la *notizia* che leggiamo nei giornali di Milano: *notizia*, la quale [...]», ivi, p. 20); declina invece il periodare complesso di matrice letteraria.
Gli articoli di politica sono stilisticamente equilibrati e lessicalmente molto vivaci; la cronaca mescola invece frammenti di parlato, stile telegrafico e un lessico che oscilla tra il quotidiano e l'aulico, con una sorta di "automatismo espressivo" che porta a inserire, qua e là, in un tessuto medio e grigio, forme come *uopo*, *poscia*, *onde*, *acciocché* e simili. È l'italiano piccolo-borghese, infarcito di aulicismi a sproposito, che di lì a poco sarà uno degli ingredienti della comicità verbale di Totò (cfr. Rossi, 2002, pp. 91 ss.). L'aumento del peso dei redattori professionisti, specie nella cronaca giudiziaria e locale, corrisponde a una vistosa proliferazione degli stereotipi.
Dopo la guerra, sin dal 1920, la Federazione nazionale della stampa italiana (FNSI) si mobilita contro gli attacchi alla libertà di stampa, che si fanno via via più frequenti, anche per il progressivo allinearsi dei grandi giornali (come "Secolo" e "Corriere") al nuovo potere fascista. Il panorama si farà ancor più fosco con la linea impressa al "Popolo d'Italia" da Arnaldo Mussolini e con la nascita di fogli estremisti come "Il Tevere" di Telesio Interlandi (poi responsabile di una delle pagine più infamanti della storia della stampa italiana con l'antisemita "Difesa della razza"). La reazione al delitto Matteotti è l'ultimo sussulto contro la fascistizzazione: l'opinione pubblica reagisce positivamente (il "Corriere" vende oltre 800.000 copie), ma il re non raccoglie l'appello a garantire i principi di libertà sanciti dallo Statuto albertino, e dopo la proclamazione della dittatura (1° gennaio 1925) i grandi giornali sono piegati al volere del governo; la libertà di stampa è soppressa con la legge del 31 dicembre di quello stesso anno (Murialdi, 2000, pp. 119 ss.). Un ruolo chiave nella diffusione della propaganda mussoliniana – specialmente all'estero – sarà svolto dall'agenzia Stefani, completamente fascistizzata e che seguirà il dittatore anche nel tragico epilogo della Repubblica sociale (cfr. Lepri, 2003, pp. 206-7).

Quella che Mussolini definirà la "stampa più libera del mondo" è certamente una stampa imbrigliata dalla censura, ma non è una realtà asfittica: l'impulso dato dal fascismo alle nuove tecniche di comunicazione, come la radio e il cinema, dà linfa anche a una modernizzazione stilistica dei giornali, che adottano forme più veloci ed efficaci. Nel 1930 le prime macchine a rotocalco avviano la stagione dei settimanali femminili, di sport e di cinema, che introducono immagini a colori e foto più nitide (nel 1934 – per la cronaca della partita Inghilterra-Italia – nasce la *telefoto*); aumenta la foliazione, si accolgono definitivamente i titoli di taglio orizzontale su più colonne e si afferma progressivamente la tipologia del titolo con participio passato al posto del passato prossimo all'inizio di frase, secondo il modello inglese (cfr. Tesi, 1997, p. 69, nota); un numero speciale, il lunedì, è dedicato agli eventi sportivi; si arricchiscono le pagine della cultura e i reportage; si azzarda una prima settimanalizzazione (rubriche dedicate alla moda, ai bambini, all'umorismo, nella "Gazzetta del popolo"). La tiratura dei grandi giornali aumenta, raggiungendo già prima della guerra livelli analoghi a quelli più alti di tutta la seconda metà del Novecento: il "Corriere" sfiora le 600.000 copie, e nel complesso si vendono 4,5 milioni di quotidiani al giorno. Un'altra novità è costituita dall'esordio dei settimanali di qualità, come "Tempo" della Mondadori e "Omnibus" di Leo Longanesi (da cui discenderà "Oggi"), ricchi di immagini con funzione informativo-testuale (*fototesto*). Il regime dà il suo "la" uniformante: sostituisce la Federazione della stampa con un sindacato di regime, obbliga i giornalisti a iscriversi all'albo e crea le prime scuole di formazione professionale. Ma soprattutto impone le famose *veline*, note del ministero della Cultura popolare; eccone una (da De Mauro, 1986, p. 118; si noti l'*infinito iussivo* in apertura):

Sensibilizzare il ricevimento dei capi bolognesi da parte del Duce. Titolo su tutta la pagina sulla consegna del Duce al popolo italiano. Il testo del discorso può essere pubblicato in neretto e deve essere rigorosamente controllato. Il discorso del Duce può essere commentato. (Il commento ve lo mandiamo noi).

Si controllano i contenuti, sempre celebrativi, e s'impone anche un modello di lingua, più aulica e retorica; è molto frenata l'apertura al parlato e alla sintassi telegrafica, anche a causa della quasi scomparsa della cronaca nera, e si attenua anche la componente burocratica. Prendendo a modello l'oratoria mussoliniana, la scrittura si fa nervosa, ritmata e definitoria: *dittologie* («il saluto ardente e palpitante della folla»), *terne* («credere, obbedire, combattere»), *polittoti* in crescendo («abbiamo lottato [...] e lotteremo ancora»), coppie di aggettivo elativo o esornativo e sostantivo, con grande dispiego di prefissati con *in-* e di suffissi espressivi (*ciclopico assalto*, *incrollabile certezza* ecc.). Questi stereotipi, ben avvertiti dagli stessi giornalisti e di cui si prendeva gioco lo stesso Mussolini, penetrano profondamente nelle abitudini linguistiche degli italiani, amplificati dalla propaganda di stampa, radio e cinegiornali e assimilati fin nei banchi di scuola grazie all'obbligo del libro di testo unificato (cfr. De Mauro, 1986, pp. 115-7).

Nel lessico, la matrice nazionalista e poi la campagna contro i forestierismi provocano una brusca diminuzione di prestiti integrali dal francese e dall'inglese (che invece erano entrati in gran quantità, anche grazie alla stampa, nel primo decennio del secolo); un po' meno toccata è la cronaca sportiva (cfr. PAR. 3.2). Si riduce anche la presenza di regionalismi; questi ultimi erano ancora reperibili, ma già in calo, nella prosa del primo Novecento (specie in alcuni giornali, come "Il Messaggero", "Il Mattino" o "La Stampa"), dove servivano a intenti espressivi e di imitazione del parlato vivo piuttosto che apparire spontaneamente per ignoranza dell'equivalente toscano o per rendere termini locali intraducibili (cfr. Bonomi, 2002, pp. 29-31).

1.2. Dal miracolo economico agli anni ottanta Dopo la tragica esperienza del conflitto, gli anni di passaggio dal regime alla Repubblica sono definiti da Murialdi un "ambiguo interludio" (2000, pp. 172-5) perché, nonostante i cambiamenti nelle direzioni dei giornali, il nuovo assetto democratico non riesce a dare una spinta decisa in direzione del rinnovamento. L'articolo 21 della Costituzione e la nuova legge sulla stampa, febbraio-aprile 1947, danno finalmente respiro a un'informazione imbavagliata per oltre un ventennio, ma non corrispondono a sostanziali novità di forma e di stile: restano in voga la formula *omnibus* (cfr. Papuzzi, 2002, pp. 98 ss.), che Gramsci riassumeva con la frase "brevi cenni sull'universo", e un linguaggio ancora molto paludato, per esempio nei commenti economici, affidati a illustri cattedratici.

Se, insomma, l'obiettivo di «ripulire la lingua dei giornali dagli eccessi del fascismo» può dirsi raggiunto (anche se all'inizio ne restano alcune scorie), non così quello di creare un moderno linguaggio giornalistico (Bonomi, 2002, p. 41). La ricomparsa di stereotipi e formule burocratiche (come le locuzioni preposizionali *in vista di*, *nella misura in cui* o le perifrasi *provvedere a*, *non mancare di*, *non potere che*), l'attenzione alla correttezza formale e alla distanza dal parlato, l'abbondanza di lessico politico oscuro e di sinonimi ricercati in funzione nobilitante e una persistente ostilità alla ripetizione (*rinvenire* per "trovare", *espletare* per "compiere", *recarsi* per "andare") tengono lontano il pubblico medio, che si rivolge ai supplementi domenicali e ai settimanali popolari capaci di uno stile più leggero (significativo il successo di vendite di "Famiglia cristiana" e "Vie nuove", rispettivamente nell'area cattolica e comunista), o ai periodici d'opinione più battaglieri e critici verso il governo, come "L'Espresso" o "L'Europeo", che nel 1968 ospita il reportage di Oriana Fallaci sulla guerra del Vietnam. Ma nonostante lo svecchiamento tecnico e nonostante gli sforzi di avvicinarsi al modello anglosassone di giornalismo moderno e impegnato, la stampa italiana resta in genere ancorata a schemi tradizionali (cfr. Anania, 2007, pp. 94-6).

Una maggiore vivacità caratterizza i giornali del pomeriggio e della sera: "Paese Sera" a Roma (1949) e "La Notte" a Milano (1952) insistono sulla cronaca nera, tenuta nascosta dalla stampa negli anni del fascismo, e soprattutto su quella bianca, attenta a piccoli fatti locali. Intanto, nel 1954, le prime trasmissioni televisive annunciano una novità la cui portata si potrà cogliere solo qualche decennio più tardi. La stampa, nonostante «l'avvio di una seria politica scolastica e anche dopo l'avvento trionfale delle trasmissioni audiovisive», resta «uno dei più potenti fattori di diffusione della lingua nazionale». I quotidiani raggiungono «regolarmente ogni giorno, nel 1950 come nel 1958, quasi la metà della popolazione adulta, cioè circa 15 milioni di individui [...]; se a questi si sommano i lettori irregolari e i lettori della stampa settimanale, si deve concludere che la stampa raggiunge quasi 25 milioni di persone, cioè in pratica, quasi tutta la popolazione adulta non analfabeta»; infatti, secondo il censimento del 1951, «gli adulti forniti di un titolo di studio

pari o superiore alla licenza di quinta elementare erano poco più di 17 milioni, e nel 1958 i radioauditori regolari o occasionali non superavano [...] i 17 milioni» (cfr. De Mauro, 1986, p. 114).
Le prime novità si raccolgono intorno all'esperimento del "Giorno" (1956), voluto dal presidente dell'ENI Enrico Mattei per creare un potente strumento di pressione sull'opinione pubblica. Dopo aver accarezzato l'idea di un quotidiano politico ed economico, Mattei sceglie la strada della stampa popolare a larga diffusione, dall'aspetto vivace e attraente (è il primo giornale italiano a dotarsi di un ufficio grafico): il modello è il londinese "Daily Express", con la sua prima pagina-vetrina, ricca di titoli e aperta anche al costume. Al posto dell'articolo di fondo il primo direttore, Gaetano Baldacci, riassume in una brillante *Situazione* i fatti salienti del momento; non c'è la pagina culturale, ma un'intera pagina ospita fumetti e giochi, molta attenzione è riservata al cinema, alla televisione e allo sport, con le cronache non solo calcistiche di Gianni Brera. Il quotidiano si rivolge a lettori progressisti di area democristiana e s'impegna anche in battaglie civiche, come quella sull'alimentazione, lanciata in prima pagina con il titolo a effetto *Che cosa mangiamo? Agenti cancerogeni nei nostri cibi!*; ma cerca di attirare anche i "non lettori" e le donne, e pubblica ogni domenica un supplemento rotocalco simile a un settimanale illustrato (Murialdi, 2000, p. 221). Anche nella scrittura, "Il Giorno" si distingue: pezzi secchi, stringati, non retorici, molte rubriche tematiche e soprattutto non politiche; riduzione del registro letterario e introduzione di un nuovo tipo di *lead* ("frase guida"), che mette in primo piano un particolare dell'avvenimento o della vicenda oggetto del pezzo. Sul piano della leggibilità, Dardano e Bonomi segnalano i procedimenti per collegare tra loro le unità di contenuto: la ripresa del tema tramite un pronome atono e la ripetizione del soggetto con un sinonimo («Gina Lollobrigida non sposerà il ricco uomo d'affari George Kaufman. *Lo* ha detto *la stessa attrice*») per evitare il discorso indiretto; l'aumento delle incidentali, subordinate, coordinate, appositive o circostanziali («a quanto si dice», «secondo la Polizia» ecc.); l'incremento di frammenti di discorso diretto; la maturazione dello stile nominale (Bonomi, 2002, pp. 45-6).
"Il Giorno" costringe "Corriere" e "Stampa" a un energico svecchiamento. Il quotidiano milanese apre una rubrica di posta ai lettori, dà

spazio a giovani giornalisti come Enzo Bettiza e Alberto Cavallari (autore di una storica intervista a Paolo VI nel 1960), introduce le donne in redazione. La testata torinese adotta una formula "centauro" (Murialdi, 2000, p. 230): metà di politica e cultura nazionale, metà di cronaca varia, anche piccante, molto caratterizzata in senso locale. Anche l'organo del Partito comunista, "l'Unità", rinnova il suo stile grazie all'apporto grafico di Giuseppe Trevisani. Alla fine della guerra nasce l'ANSA (Agenzia nazionale stampa associata), erede della Stefani ma controllata dagli editori di giornali e quindi meno soggetta alla pressione governativa; l'ANSA assume il primato nello smistamento delle informazioni, si avvale dei progressi tecnologici (come la maggior velocità delle telescriventi e la possibilità di trasmettere radiofoto a colori) e adotta uno stile meno ufficiale e sostenuto. Sulla generale tendenza a una semplificazione dello stile influiscono le traduzioni dei grandi scrittori statunitensi, come Steinbeck e Hemingway (De Mauro, 1986, pp. 150-1), e forse anche il doppiaggio cinematografico dei grandi prodotti hollywoodiani.
Tuttavia, secondo Sorrentino (2003, p. 22), «la società italiana non è affatto rappresentata nei *media* degli anni '50 e '60»: nei giornali dell'epoca si fa difficoltà a ritrovare quella «società dinamica, in forte trasformazione, in cui si *stavano* realizzando enormi processi migratori, di industrializzazione, di crescita sociale e culturale». La politica, inoltre, tende a monopolizzare l'attenzione della stampa a danno sia della cronaca sia dell'informazione, e impone una lingua oscura e contorta (Mazzanti, 1991, pp. 12-3; su questa fase storica cfr. anche Gozzini, 2001, pp. 270-3). Il peso del *politichese* si fa sentire anche sulla lingua che, salvo qualche esperimento più coraggioso, mostra una sensibile tenuta contro le aperture al parlato e consolida un linguaggio formalmente molto antiquato (*egli*/*ella* pronomi soggetto, *loro* per *gli* nel plurale, passato remoto ancora dominante rispetto al passato prossimo, residui di costrutti arcaici, come «l'inversione e la premissione dell'aggettivo», cfr. Bonomi, 2002, p. 43). Il risultato è una scrittura difficile, artificiosa e pervasa di un'oscurità lessicale che rasenta il gergo, tanto da meritarsi l'appellativo di *giornalese*.
Gli anni settanta sono caratterizzati dalla comparsa dei quotidiani dell'estrema sinistra, che raccolgono i fermenti politici e ideologici, ma anche le istanze a partecipare e aver voce negli organi di stampa e nel discorso pubblico, che animano la mobilitazione operaia, giovanile e

femminista e che avevano già trovato eco nel giornalismo militante statunitense. Le nuove testate, pur povere di mezzi, puntano a fornire una controinformazione alternativa ai grandi giornali tradizionali: più sobrio e intellettuale "il manifesto" (senza fotografie e pubblicità, con uno stile severo e difficile), più ideologici e oscuri "Potere operaio" e "Servire il popolo", più aggressivo "Lotta continua", con pezzi brevi, titoli-slogan, vignette satiriche e fotografie, e che nella lingua ricalca le mode e i tic dei giovani extraparlamentari, aprendo al turpiloquio e al parlato spontaneo che – grazie agli interventi dei lettori – rimbalza dalle antenne delle radio libere e dalle scritte murali fino alle pagine dei quotidiani (cfr. in generale Violi, 1977; Dardano, 1986, pp. 449-50, 459 ss.). Un anno di passaggio è il 1974-75, quando la crisi economica provoca un calo nelle vendite. Al "Corriere" arriva Piero Ottone, che dà un tono più moderno e meno paludato allo stile del giornale, tra l'altro accogliendo in prima pagina opinioni di sociologi, scrittori e antropologi sui temi politici, ma è criticato, anche in redazione, per una sua supposta simpatia per il Partito comunista. Viene dunque abbandonato dal suo collaboratore più prestigioso, Indro Montanelli che, con l'aiuto della Montedison di Eugenio Cefis, fonda "il Giornale Nuovo", e stampa in prima pagina i propri pungenti corsivi. Cefis impone con spregiudicatezza al "Messaggero", tradizionalmente moderato, una linea aggressiva favorevole alle riforme e vicina al Partito socialista: la prima pagina del 12 maggio 1976, giorno in cui si votava il referendum per l'abolizione della legge sul divorzio, è occupata da un cubitale *No* e dall'occhiello: "Contro il tentativo clerico-fascista di sopprimere la democrazia e l'autonomia dello Stato". "Il Giornale Nuovo" e soprattutto "la Repubblica", fondata nel 1976 da un gruppo di giornalisti dell'"Espresso" guidati da Eugenio Scalfari, modificano la mappa della stampa nazionale, per il loro spiccato interventismo politico, rispettivamente nell'area della destra moderata e della sinistra riformista. Il quotidiano di Scalfari, in particolare, adotta un formato inatteso (è il primo tabloid italiano), trascura la cronaca locale e lo sport, raccoglie le opinioni in una pagina autonoma (sul modello anglosassone), approfondisce politica nazionale e internazionale, economia, cultura e spettacoli e dà più spazio alle donne in redazione. "Repubblica" fa un ulteriore passo verso la settimanalizzazione e inoltre, accentuando il contratto di fiducia con i lettori grazie a uno stile più narrativo e brillante, si impone come "testata-stile di vita" conquistando anche i più giovani (Sorrentino, 2003, p. 31). Anche nel lessico "Repubblica" si distingue dagli altri giornali per vivacità e originalità, cercando di semplificare in senso più confidenziale il gergo fumoso dei politici, con il ricorso a metafore espressive e a neologismi scherzosi. Gli anni oscuri delle stragi e del terrorismo di sinistra e di destra sono caratterizzati da una sensibile crescita dei temi politici nel discorso dei media, che anzi vengono presto accusati di svolgere il ruolo di "cassa di risonanza" delle frange violente; soprattutto i fogli di estrema sinistra si distinguono nel diffondere tecnicismi o traslati del discorso politico (specialmente di tipo geometrico o spaziale, come *al livello di*, *sul terreno*, *al limite*, *a monte* ecc.) o stereotipi che qualificano il *sinistrese*, come *portare avanti il discorso*, *nella misura in cui*, *nell'ottica di* ecc.

Tra la seconda metà degli anni settanta e la prima metà degli anni ottanta i giornali perdono il monopolio della notizia a vantaggio della televisione, prima fonte per oltre il 60% dei fatti del giorno; scompaiono i fogli della sera, già messi in crisi dalla concorrenza televisiva alla fine degli anni sessanta e gli altri, specialmente i più forti, insistono soprattutto sull'approfondimento. Si afferma e si rafforza nel tempo la cosiddetta *rotocalchizzazione* o *settimanalizzazione* (Dardano, 1986, pp. 464 ss.), cioè la suddivisione del giornale in fasce distinte per argomento: pagine di sport, cultura, moda, spettacolo in posizioni fisse per favorire la fidelizzazione del lettore, e nascono i primi inserti settimanali tematici. Ancora nel 1975, quando Paolo Murialdi pubblica il suo classico *Come si legge il giornale*, solo "molto eccezionalmente" l'apertura della prima pagina è costituita da una fotografia (Murialdi, 1975, p. 21), ma negli anni seguenti foto ed elementi figurativi aumentano.

Nella lingua, si osservano una specializzazione dei settori del giornale, ma con alta frequenza di interscambi (cfr. PAR. 3.2), e un'organizzazione più razionale delle materie trattate. L'italiano televisivo, più semplice e diretto, esercita un primo influsso benefico nella direzione della semplificazione e dell'avvicinamento alle strutture del parlato (di *svecchiamento* parla Proietti, 1992, pp. 145-6); a imitazione del linguaggio pubblicitario si diffonde uno stile ammiccante, ricco di giochi di parole e di coniazioni di breve durata: a dare l'avvio sono gli articoli e i titoli satirici dei giornali di estrema sinistra, seguono i settimanali più brillanti e quindi i quotidiani. Ma proliferano anche abbinamenti stereotipati soggetti a un rapido logoramento, come *ennesimo successo*, *la notizia è rimbalzata* ecc. (cfr. PAR. 3.5); nella sintassi, la tipologia delle frasi nominali si arricchisce di apporti dalla lingua orale e informale (Bonomi, 2002, p. 52, nota). Tuttavia, la scrittura resta ancora piuttosto contorta, e si sente la «mancanza di *copy editor*, di figure professionali esclusivamente dedite alla riscrittura degli articoli» (Gozzini, 2001, p. 275).

1.3. La stampa nell'era della TV e di Internet Gli anni novanta del Novecento sono segnati da molti cambiamenti. Il principale è certamente l'avvento di Internet, che conquista zone sempre più larghe di pubblico. La concorrenza della rete e la progressiva distribuzione dell'informazione su diversi canali "convergenti" (per esempio le notizie diffuse per abbonamento tramite il cellulare, avviate precocemente dall'ANSA) favoriscono la nascita dei fogli di approfondimento e l'esplosione della stampa gratuita (*free-press*).
L'aspetto dei fogli d'opinione, o di tendenza, è quello del vecchio giornale "a lenzuolo", la foliazione è ridotta (sono infatti anche chiamati "quattropagine") e le fotografie sono quasi assenti (si preferiscono caricature o vignette). Quanto al contenuto, latita la cronaca e abbondano i commenti e gli approfondimenti, specialmente di politica; "Il Foglio" di Giuliano Ferrara (dal gennaio 1996), "Il nuovo Riformista" di Antonio Polito (dall'ottobre 2002) e altre piccole testate di nicchia si propongono come un secondo giornale, meno generalista di quello abituale e dalla voce più sarcastica e personalizzata. La nascita di questi fogli è dovuta anche a una reazione al brusco calo d'interesse per la politica dimostrato dagli italiani a metà degli anni novanta (Morcellini, Midulla, 2003, p. 306): mentre i quotidiani generalisti danno spazio al costume e a temi più ghiotti per il grande pubblico, i quattropagine, rivolti a lettori più acculturati della media, possono permettersi uno stile brillante e complice libero dai condizionamenti della *par condicio* e del politicamente corretto, un alto tasso di gergalismi della politica, tecnicismi economico-finanziari e forestierismi, legati anche a un rapporto molto diretto con la stampa estera in lingua inglese (Dardano *et al.*, 2005, p. 236). La prima pagina del "Riformista" del 4 febbraio 2005 si apre con tre articoli: un editoriale, presentato come *column* (parola inglese che indica la colonna che contie-

ne una rubrica, da cui il termine *columnist*, diffuso anche in Italia), e due cronache-commento del terzo congresso dei Democratici di Sinistra che nell'occhiello sono intitolate *change 1* e *change 2*; i due attacchi rientrano entrambi nella tipologia situazionale (cfr. PAR. 3.1):

Titolo: Lo strappo riformista di Fassino.
Quando l'inviato del grande giornale, che ha letto la relazione in anticipo, ci fa segno con la mano per dire "qui dentro non c'è niente", ci si apre il cuore alla speranza. Vuoi vedere che Fassino l'ha fatto? Vuoi vedere che ha deciso di rinunciare alla propaganda anti-governo e alla masturbazione inter-alleanza, per dirci che cosa deve fare una forza di governo?

Titolo: La rosa accanto alla quercia, benvenuti al primo congresso socialista dei DS.
Pesaro è proprio lontana. Così lontana che al congresso DS di Roma, nelle ore del primo pomeriggio, quando al discorso d'apertura di Piero Fassino mancava ancora una mezz'oretta, mentre la platea del Palalottomatica si riempiva pigramente di delegati e telecamere [...].

Il taglio narrativo (*fiabesco* o *mitico*, direbbero Tarantini e Loporcaro) del secondo testo è evidentissimo; del primo si colgono facilmente il tono colloquiale e complice, il lessico espressivo (*masturbazione*, un termine che in passato sarebbe stato esposto a interdizione o sostituito da un eufemismo, i prefissati *anti-governo* e *inter-alleanza*), le domande di dialogo fittizio e, infine, la tecnica del rinvio cataforico del tema (cfr. PAR. 3.1) («*l'*ha fatto» annuncia «per dirci che cosa deve fare...»).
I *giornali gratuiti*, lasciati nelle stazioni e nei mezzi di trasporto o distribuiti per strada rinverdendo la figura dello strillone, sono l'altra grande novità. La breccia è aperta tra il luglio 2000 e il 2001 da "Metro", cui seguono "Leggo" (attualmente il più diffuso), "City" e infine, dal 2006, "24minuti" e l'esperimento di "E Polis", distinto dagli altri in quanto più ampio, distribuito in molti centri con pagine d'informazione locale, meno appesantito dalla pubblicità e più ricco di articoli firmati.
Di formato ridotto, anche se la foliazione si aggira intorno alle 24 pagine, sono molto colorati e si sostengono grazie alla pubblicità, che occupa gran parte degli spazi (circa il 50%) e costa molto meno che nei grandi quotidiani nazionali (utile la tabella pubblicata da Pratellesi, 2004,

p. 56). I giornali gratuiti sono il trionfo della sintesi: titoli e sommari anonimi prevalgono sui pochi articoli firmati. Un prodotto che può servire a conquistare fasce di non lettori, e che inoltre è gradito ai lavoratori immigrati, cui già si rivolge gran parte della pubblicità (un primo quadro sull'informazione per gli immigrati è offerto da Gabellieri, in Sorrentino, 2003, pp. 261 ss.); può tuttavia dare l'illusione di saturare le esigenze di conoscenza degli eventi, scoraggiando l'approfondimento (Morcellini, Medulla, 2003, p. 314).
Luogo di sperimentazione per alleanze editoriali non limpidissime anche tra gruppi che possiedono testate rivali nel panorama nazionale (cfr. Draghi, in Sorrentino, 2003, pp. 79-80), i giornali gratuiti sono un fenomeno ancora poco studiato ma il cui successo non sembra destinato a tramontare rapidamente. La loro lingua si differenzia in modo significativo da quella dei giornali tradizionali: la densità informativa (anche oltre 12 notizie in media per pagina) favorisce le forme brevi (cfr. PAR. 3.3) e una spiccata omogeneità stilistica; molto ricca è la cronaca cittadina, che occupa fino al 50% degli spazi. Secondo Bonomi (2003, p. 115), i «caratteri linguistici complessivi di questi giornali sono la leggibilità, l'essenzialità, la medietà, la scarsa espressività», ottenute con un lessico molto comune, con fitto ricorso a stereotipi e a tratti del parlato; Antonelli rileva differenze d'impaginazione e di stile, e dal confronto con un grande quotidiano nazionale nota una ridotta animazione linguistica, la presenza di vecchi stereotipi della cronaca e qua e là anche un periodare pesante e faticoso. In conclusione, la scrittura di questi giornali "mordi e fuggi" «appare attardata rispetto alle tendenze registrate nei grandi quotidiani [...] e lontana da un'efficace espressività. Essere più brevi non sempre vuol dire essere più essenziali; rinunciare a soluzioni stilistiche marcate non sempre garantisce una maggiore leggibilità» (Antonelli, 2007, pp. 98 ss. e p. 102).
In questo panorama rinnovato, restano aperti due problemi. Un primo è l'assenza, tra stampa gratuita e fogli d'opinione, di un anello di passaggio: in Italia non è mai esistito un quotidiano popolare avvicinabile ai tabloid britannici o ai fogli scandalistici tedeschi, e sono semmai i noti periodici di costume ad attrarre il grande pubblico. I giornali italiani restano un prodotto elitario, poco letto e scritto in modo difficile; in questa chiave, le novità degli ultimi decenni appaiono solo superficiale riflesso dell'evolversi della lingua quotidiana più che sforzo di creare una

voce originale. L'altro problema riguarda la dipendenza dalle agenzie di stampa dei giornali gratuiti, ma anche di gran parte delle informazioni circolanti in rete, e l'assenza di un filtro redazionale.
Il rapporto con la televisione è nel tempo diventato una teledipendenza, anche a causa del moltiplicarsi delle testate giornalistiche televisive e della diminuzione degli investimenti pubblicitari sulla stampa. Nel solo quinquennio 1979-1984 il mercato pubblicitario decuplica il suo giro d'affari e la televisione diventa il medium più attraente; tra il 2000 e il 2002 raccoglie, da sola, tra il 53 e il 55% degli investimenti, più di quotidiani e settimanali messi insieme, mentre ancora nel 1975 quotidiani e periodici assorbivano l'80% del totale (Brigida, Baudi di Vesme, Francia, 2002, p. 11; Livolsi, 2003, p. 122).
I giornali si sono appiattiti sul sensazionalismo urlato tipico di certa informazione televisiva, assecondando la mitizzazione dei personaggi, l'aumento di cronaca rosa e nera, il coinvolgimento emotivo del lettore. Le occasioni offerte ai divi dello spettacolo per dispensare opinioni sugli argomenti più disparati li fanno straripare dalle pagine di costume alle pagine politiche. I titoli acquistano toni sempre più forti, la personalizzazione degli eventi fa sì che si cerchi di far emergere non tanto idee e concetti, ma voci e volti del Palazzo. Sul piano più strettamente linguistico, è il trionfo dell'oralità, che va dall'ingombrante presenza del discorso diretto nei resoconti politici all'immissione di brani di parlato che mimano la conversazione faccia a faccia con l'intento di vivacizzare la lettura, fino alla riproduzione di scambi dialogici rapidissimi nelle interviste con botta e risposta fulminanti. Già in atto nei primi anni ottanta, segnati dalla riscoperta del privato, l'apertura al parlato più scomposto è esplosa verso la fine del secolo, certo anche a causa della riforma del sistema televisivo che, dal 1990, ha obbligato anche le reti private a dotarsi di notiziari in diretta. L'avvicinamento si avverte soprattutto nel lessico, che accoglie il colloquialismo e il turpiloquio, ammesso oggi anche nelle testate più austere; l'interdizione linguistica si è spostata su altri settori, il lessico del politicamente corretto e l'abuso di anglicismi di prestigio per evitare i più brutali, ma inequivocabili, corrispondenti italiani (per esempio *eros center* per "bordello" o *job on call* per "lavoro su chiamata", cfr. Giovanardi, Gualdo, 2003).
Il *gigantismo* dei grandi quotidiani si accentua negli anni duemila (cfr.

Murialdi, 2000, p. 305): all'inizio del nuovo millennio oltre il 40% delle vendite era coperto dalle cinque ammiraglie: "Corriere" (685.000 copie), "Repubblica" (611.000), "Gazzetta dello Sport" (433.000), "Sole 24 Ore" (391.000 – di cui però un'alta percentuale per abbonamento; cfr. PAR. 3.2), "Stampa" (390.000). Come abbiamo osservato (cfr. *Introduzione*), i dati del 2007 indicano un sensibile calo, e occorre tener conto del fatto che all'inizio degli anni duemila le vendite hanno fatto un balzo di oltre un milione di copie in più grazie ai giornali gratuiti che, secondo l'Audipress, a inizio 2007 cominciano a insidiare le testate storiche, e addirittura precedono "La Gazzetta dello Sport". Gigantismo e arricchimento in supplementi soffocano le voci più meditate e sottili, e spingono i quotidiani ad assomigliarsi un po' tutti (*giornali-fotocopia*); resistono i giornali di economia e soprattutto le testate locali: impressiona il fatto che l'uscita, nel novembre 2002, del "Corriere del Veneto" insieme al "Corriere della Sera" abbia aumentato il numero di copie vendute di 6-8.000 al giorno (Morcellini, Midulla, 2003, pp. 318-9 e 370-1).

Sempre Murialdi, concludendo la sua fondamentale *Storia del giornalismo italiano* (2000, p. 308), rispondeva positivamente alla domanda "Il quotidiano stampato sopravviverà?", chiedendosi, semmai, "*Quale* tipo di quotidiano". Anche se la neotelevisione ha intaccato pesantemente il primato della stampa nel panorama dei media e l'avvento di Internet ha accentuato la tendenza a un «declino [...] che non sembra arrestarsi» (Staglianò, 2002, p. 15), ancora nel 2007 la scomparsa dei giornali tradizionali sembra lontana. È tuttavia un dato di fatto che i giornali a stampa stiano attraversando una crisi profonda: all'inizio del 2007 il direttore del "New York Times" pronosticava l'abbandono della versione a stampa entro il 2012. In contrasto con l'ottimismo ostentato da Morcellini (cfr. *Introduzione*) è lecito avanzare dei dubbi su quanto la cosiddetta "generazione Nintendo", cresciuta con i videogiochi e il computer in casa, legga realmente i giornali in rete e non preferisca piuttosto scambiarsi notizie, immagini, musica via cellulare (sul successo delle notizie inviate via cellulare è ancora presto per pronunciarsi, cfr. Bechelloni, in Sorrentino, 2003, p. 57) o, se connessi al computer, mediante i sistemi di messaggeria istantanea (*instant messaging*). Ma forse occorre pazientare prima di dare giudizi definitivi su una realtà che cambia quasi di giorno in giorno e su cui le analisi sono ancora poche e spesso ripetitive.

La storia del giornalismo in Internet comincia negli Stati Uniti all'inizio degli anni novanta, ma ancora nel 1993 solo 13 testate su oltre 1.500 offrivano anche un'edizione in rete. Ad aprire la strada al nuovo mezzo non sono i grandi giornali, più sospettosi o, se si preferisce, più attenti a muoversi solo dopo aver ben capito quale fosse l'uso più efficace di Internet, bensì testate minori: il "News & Observer" della città di Raleigh (North Carolina) negli USA, "L'Unione Sarda" e "l'Unità" in Italia (cfr. Staglianò, 2002, pp. 17-28). All'inizio i materiali offerti sono sostanzialmente gli stessi che vengono venduti in edicola (il fenomeno è definito con l'anglicismo *repurposing* "riproposizione"), con il solo vantaggio di una consultazione più rapida e della funzione di archivio; l'interattività tra lettori e giornalisti è minima.

La stampa italiana sbarca in rete nel 1995 per iniziativa dell'imprenditore sardo Nicola Grauso, a capo del primo fornitore di servizi Internet italiano, Video On Line, che investe grandi risorse economiche ed energie progettuali nella versione telematica dell'"Unione Sarda"; l'esperimento però non regge a lungo, soprattutto dopo l'acquisto di VOL da parte della Telecom. "Repubblica" approda sperimentalmente in rete nel 1996 e l'anno successivo, visto il successo dell'iniziativa, propone una grafica rinnovata e una redazione esclusivamente dedicata alla versione telematica (cfr. Tedeschini Lalli, 2003, p. 243).

Un po' alla volta, tutte le maggiori testate italiane realizzano una versione telematica, dove le informazioni del giorno sono circondate da fotografie e gallerie di immagini, inserti e striscioni pubblicitari, filmati, collegamenti ad altri quotidiani o periodici dello stesso gruppo editoriale e, soprattutto, pagine di approfondimento, sondaggi, spazi riservati a rubriche fisse, finestre e indirizzi di posta elettronica offerti ai lettori per dialogare con la redazione o con i collaboratori di maggior prestigio. La gran parte dei contenuti è distribuita gratuitamente, ma per leggere la versione elettronica del giornale cartaceo bisogna pagare e solo su abbonamento si può accedere all'archivio dei numeri passati (spesso chiamato ellitticamente lo *storico*). La concorrenza si fa agguerrita tra 1999 e 2000, con la nascita di numerosi portali informativi; ma la crisi della nuova economia e l'irrigidimento degli scambi internazionali seguito all'attentato dell'11 settembre 2001 segnano un brusco arresto della corsa al nuovo medium (Pratellesi, 2004, pp. 22-3).

Non è ancora facile dire con esattezza quanti siano i lettori dei quotidiani telematici, anche perché molto diverse sono le modalità d'uso della rete; sicuramente prevalgono i navigatori di sesso maschile, in possesso di un titolo di studio superiore e professionalmente attivi. Se lo strumento più usato è la posta elettronica (circa l'80% del totale), molti vanno in rete anche per cercarvi informazioni (Bonetti, Fravega, in Livolsi, 2003, pp. 208 ss.), e lo fanno soprattutto nelle ore di lavoro, come risulta dai tracciati di traffico dei documenti di accesso, ma moltissimi navigano solo per fare acquisti e per giocare.
Dall'altra parte dello schermo, già da tempo i giornalisti della carta stampata si sono lasciati sedurre dalle sirene di Internet, e anche chi è rimasto fedele al vecchio mezzo non può non pensare alla proiezione del proprio lavoro in rete; non pare però che sia ancora maturata una nuova generazione di "penne digitali", cioè formatasi all'interno delle redazioni telematiche, come si deduce dal fatto che solo un quarto degli articoli analizzati da Bonomi (2002, pp. 275-6) è frutto di «reporter o inviati, critici o commentatori, cioè firme ben identificate»; gran parte dei testi, dunque, resta ancora anonima, come se il redattore telematico soffrisse di un complesso d'inferiorità rispetto al suo collega della carta stampata (Pratellesi, in Sorrentino, 2003, p. 161). La richiesta di personale è aumentata, anche perché, dopo l'esordio di testate nate e pensate per Internet, quasi ogni portale accoglie al suo interno spazi dedicati all'informazione. Dominano le notizie leggere e d'intrattenimento, ma ormai anche i grandi siti istituzionali e aziendali prevedono pagine dedicate per le notizie su di sé e sul proprio settore (cfr. De Benedetti, 2004, p. 32; Carlini, 2004, p. 36). Insomma, il mercato della comunicazione si è allargato, ma la rapidità di acquisizione e pubblicazione delle notizie costringe il redattore a svolgere compiti che prima spettavano ad altre figure (videoimpaginazione, composizione, archiviazione ecc.) e le redazioni in rete scaricano gran parte del lavoro su personale non professionale, magari molto giovane, non ancora passato per accertamenti di idoneità e pertanto sottopagato e sottoposto al ricatto della licenziabilità (mascherata dietro la parola *flessibilità*).
Quali i possibili scenari futuri? Pratellesi (2004, pp. 130-45) prevede due linee di convergenza tra i media: da una parte il supporto fisso (televisione + computer + Internet + videoregistratore + stereo + radio + consolle per videogiochi + videotelefono) e dall'altra quello mobile (cellu-

lare + Internet + radio + televisione + raccolta brani musicali + carta di credito). La strada verso la convergenza obbligherà gli altri media «a ridefinire il loro linguaggio, la loro vocazione, il loro pubblico» (Carlini, 2004, p. 53); certamente, come testimoniano le lotte proprietarie intorno alla Telecom dell'aprile 2007, il controllo del passaggio delle informazioni attraverso la banda larga asimmetrica telefonica (ADSL) sarà il campo di battaglia dei prossimi anni, e la sua trasparenza e interattività (osservazioni preoccupate in Carlini, 2004, p. 93) l'unica garanzia di un accesso libero e democratico alle notizie. Il "sistema fragile" dei media italiani (Mancini, 2000), dove la stampa è schiacciata dalla televisione e non ci sono apparenti freni alla comunanza di interessi tra grande capitale e potenti network di informazione, rischia di trasformarsi in un sistema bloccato, e l'illusione di passare dalla cosiddetta comunicazione *push* (che cioè "spinge" le notizie verso un utente passivo) alla comunicazione *pull* (per cui è l'utente a "tirare" solo quel che gli serve) potrebbe presto svanire riproponendo, in veste solo potenziata tecnicamente, l'uso tradizionale della paleotelevisione.

Per riassumere...

- Il giornalismo italiano è cambiato, nel corso degli ultimi centocinquant'anni, soprattutto in due momenti: all'inizio del Novecento e nella seconda metà degli anni settanta. I caratteri più tipici della lingua dei giornali e la sua apertura ad argomenti diversi dalla politica e dalla cronaca sono già formati prima della seconda guerra mondiale. La concorrenza dei settimanali e soprattutto della televisione costringe i quotidiani a formule comunicative più agili e a un uso più intenso della lingua parlata e delle immagini.
- Nonostante ciò, la scrittura dei giornali risulta, ancora alla fine del secolo scorso, difficile e rivolta a un pubblico ristretto. Diversamente da quanto accade in altri paesi, la stampa italiana non riesce a produrre quotidiani veramente popolari.
- L'avvento di Internet e il fenomeno dei giornali gratuiti stanno forse producendo un cambiamento più profondo, parallelo all'evolversi della lingua: semplificazione di sintassi e morfologia, massiccia presenza di anglicismi e di tecnicismi nel lessico, prevalenza di testi brevi e nominali.

2. Com'è fatto il giornale

Come abbiamo già visto (*Introduzione*), alla lettura del quotidiano si dedicano in media 15-20 minuti al giorno. L'impaginazione e la titolazione sono perciò strumenti essenziali per attrarre l'attenzione del lettore e per spingerlo a soffermarsi su uno o più articoli. La brevità del tempo di lettura e la pressione degli altri media hanno prodotto, nei quotidiani d'oggi, i seguenti effetti:

- l'espansione di *forme brevi* (sommari, commenti raccolti in riquadri, interviste di poche e fulminanti battute ecc.; cfr. PAR. 3.3);
- l'attribuzione di un ruolo sempre più rilevante alle immagini (foto impressive, che emozionano più che informare, infografici, vignette, iconismi vari; cfr. PAR. 2.3);
- lo sfruttamento, di tipo ipertestuale, di elementi grafici e simbolici per suddividere la pagina, creare richiami interni e percorsi di lettura in profondità, mettere in risalto differenti contenuti.

Il quotidiano è un oggetto materiale, di determinate dimensioni (*formato*) e con un certo numero di pagine. Al suo interno, può articolarsi in varie sezioni tematiche, anche a causa del processo di settimanalizzazione (e questa articolazione varia da testata a testata); alcune testate raccolgono tali sezioni in fascicoli autonomi (in gergo, *dorsi* o *costole*), che possono avere formato diverso o addirittura trasformarsi in rotocalchi patinati, come i cosiddetti *magazine* o i supplementi per il pubblico femminile dei grandi quotidiani nazionali (cfr. Dardano, 2002, p. 276). Negli ultimi anni, poi, al "prodotto" quotidiano si sono affiancati, in edicola, altri prodotti editoriali, come enciclopedie, serie monografiche, videocassette, compact disc, DVD e altri supplementi o *allegati* di varia natura.

Fermandoci al quotidiano nella sua forma tradizionale, possiamo distinguervi una macrostruttura, che chiameremo d'ora in poi *contesto*, fatta di rinvii e anticipazioni tra le varie sezioni; e una microstruttura, poiché ciascuna porzione di testo si inquadra in un *co-testo*, linguistico e grafico-iconico, formato cioè dai testi e dalle immagini che lo circondano. L'insieme dei materiali che compaiono nella pagina di un quotidiano mette in atto una *interdiscorsività* che coinvolge impaginazione, titolazione, disposizione di testo e immagini (Lorusso, Violi, 2004, p. 46).

2.1. Formato e impaginazione Nei giornali più antichi, la composizione in piombo imponeva una struttura molto rigida alla pagina; le nuove tecnologie permettono di darle un aspetto più mosso, ma comunque ordinato in uno schema a fasce verticali e orizzontali che spesso ritorna nella versione in rete. Quest'organizzazione viene incontro ai movimenti dell'occhio, che tende a saltare da una posizione all'altra seguendo un percorso «non lineare ma "a scansione" [...], in cerca di appigli visivi ed elementi di ordine» (cfr. Bonomi, 2002, p. 270; Anichini, 2003, pp. 168 ss. e p. 257). La disposizione dei vari oggetti nello spazio ha anche un valore simbolico e ideologico: l'alto prevale rispetto al basso, la destra rispetto alla sinistra (in una rappresentazione lineare del tempo, la sinistra rappresenta il passato, il dato, la destra il futuro, il nuovo, cfr. Antelmi, 2006, pp. 67 ss.).

Il formato tradizionale del quotidiano è il cosiddetto "lenzuolo", di circa 40 × 56 cm (quello attuale del "Corriere", comunque un po' più piccolo che in passato). Nel 1976 fa la sua apparizione in Italia il formato *tabloid* ("simile a una tavoletta"), di circa 32 × 47 cm (un po' più di un foglio di carta formato A3), caratteristico della stampa popolare inglese ma scelto da "Repubblica" sul modello dell'autorevole quotidiano francese "Le Monde". Il disegno della pagina, che una volta era vincolato da una rigida *gabbia* tipografica, lo schema di linee verticali e orizzontali in cui si divide il foglio e che in molti quotidiani resta segnalato da *filetti* (linee di separazione più o meno sottili), è oggi più libero grazie alla modularità consentita dalla videoimpaginazione: oggi il giornalista «scrive "dentro la pagina": con semplici manovre di aggiustamento capisce quanto deve ancora scrivere e può correggere il suo prodotto fino all'ultimo minuto prima della stampa» (Tarantini, 1998, p. 206).

Il termine tradizionale con cui in tipografia si indica il progetto grafico della pagina è *menabò* (da *mena il bue*, o *i buoi*, un traslato che racchiude l'idea di tracciare sul foglio, come su un campo, il disegno di dove andranno disposti testi e illustrazioni); nella grafica attuale, mutuando la formula dalla grafica pubblicitaria, si ragiona per *blocchi* (riquadri)

che, organizzati in *moduli*, si distribuiscono nella pagina condizionandone la disposizione o *lay-out*; ogni giornale dispone di un certo numero di *pagine master* (o *masterizzate*, cfr. ivi, p. 208) tra le quali il grafico sceglie quella più adatta ad accogliere le notizie del giorno. A condizionare il disegno della pagina è anche il modo in cui il giornale può essere ripiegato per comodità: il formato grande consente due piegature (orizzontale e verticale), quello tabloid una, solo orizzontale, al centro. La divisione classica della pagina prevede 9 *colonne* ("Corriere", "Messaggero"); "La Stampa" è passata negli anni novanta dalle 9 alle 7 colonne; "Repubblica" nel 1976 ha imposto il tipo in 6 colonne. La larghezza di ciascuna colonna, su cui chi compone la pagina può agire per disporre meglio i testi e le immagini – seguendo tuttavia schemi legati alla tradizione grafica della testata – si chiama tecnicamente *giustezza*. Dall'alto verso il basso e da sinistra verso destra, la pagina-tipo si suddivide almeno in *apertura*, *spalla*, *fondo*, *taglio* (alto-medio-basso). A dare un po' di movimento possono contribuire le *civette* o *strilli* (richiami, in prima pagina, di articoli interni) e i *riquadri* o *box*, che contengono solo un titolo, un breve sommario e un rinvio alle pagine interne e sono in netta crescita nei quotidiani dalla metà degli anni novanta in poi. Alcuni quotidiani ("l'Unità", "Libero") raccolgono titoletti e sommari, anche con piccole fotografie, in fasce orizzontali collocate sotto la testata o nel taglio medio (*balconi*, *davanzali* o *soppalchi*), per notizie minori approfondite nelle pagine interne.
Facciamo alcuni esempi: la prima pagina del "Corriere" del 17 agosto 2006 (FIG. 1) ha una suddivisione in 8 colonne (la cui larghezza varia per assecondare i blocchi), un'*apertura* centrale sul Libano (4 colonne), un *fondo*, a sinistra (2 colonne), l'inizio di un articolo di *spalla*, sotto l'apertura a destra, affiancato da una vignetta e due *civette* (a sinistra) e da pubblicità di allegati al quotidiano (a destra). In orizzontale, la pagina è chiaramente divisa in tre parti: nel *taglio medio* troviamo l'articolo su Prodi, una foto a colori e due articoli che proseguono nell'interno; il taglio basso è a sua volta diviso in due parti simmetriche, scandite da riquadri pubblicitari (agli estremi) e da due *box* con foto, sommari e rinvii ad articoli delle sezioni di cultura e sport (al centro).
Anche la prima pagina di "Repubblica" del 7 settembre 2005 (FIG. 2) è suddivisa in tre fasce orizzontali, ma quella alta, con la testata, occupa

FIGURA 1

Prima pagina del "Corriere" (17 agosto 2006)

CORRIERE DELLA SERA

FONDATO NEL 1876

www.corriere.it

Le ambiguità della risoluzione sul vero nodo

CHI DISARMERA' HEZBOLLAH?

di SERGIO ROMANO

Parisi chiede risposte. Il premier: decreto sulla missione. Gelo nell'opposizione, Bossi: costa troppo

L'Italia all'Onu: regole chiare in Libano

Israele avverte: restiamo fino all'arrivo della forza. Beirut muove l'esercito verso Sud

D'Alema: conflitto disgraziato, milizie ora più forti. Critici comunità ebraica e Polo

GIANNELLI

MISSIONE UMANITARIA

COSTA TROPPO!!

LA NUOVA POSIZIONE DI BOSSI

IN PRIMO PIANO

INTERVISTA A DILIBERTO

«Bene Massimo Follia togliere le armi a Nasrallah»

di MONICA GUERZONI

IL CASO

Ridere dell'Olocausto Mostra a Teheran (con premio finale)

di VIVIANA MAZZA

LA SECONDA GUERRA FREDDA

di EMANUELE SEVERINO

CONTINUA A PAGINA 35

OGGI CON IL CORRIERE DELLA SERA

OCCHIO ALLA COPPIA di GERONIMO STILTON

Solo 1 euro in più

Diario minimo

DEL LAVORO

Lo stress del dipendente «spremuto»

di PIETRO ICHINO

Il Professore attacca l'evasione fiscale «da Paese incivile». Il dibattito sulle larghe intese? «Sfoghi estivi»

Tasse, Prodi incalza i lavoratori autonomi

«Campagna in sette anni: evidente che il problema non sono i salariati»

LITE SUL LONDRA-WASHINGTON

DEVELOPING STORY

Attacco di panico. E il volo viene deviato

L'INTERVISTA

PIETRO MODIANO

«Modello Merkel tentazione da evitare»

di NICOLA SALDUTTI

Proteste per la linea Usa alla Conferenza di Toronto. «E' neocolonialismo verso l'Africa»

Clinton loda Bush: giusta la castità contro l'Aids

di ADRIANA BAZZI

IN GERMANIA

Grass e il nazismo Ecco i brani dell'autobiografia

LA NAZIONALE

Vince la Croazia Brutto esordio per Donadoni

Berlusconi, festa a Villa Certosa con vulcani e falsi terremoti. I vicini pensano a un vero incendio

Finta colata di lava per Silvio. Allarme ai pompieri

di GIAN GUIDO VECCHI

DOVE MEDITERRANEO

In edicola a € 3,90

JEFFERY DEAVER LA LUNA FREDDA

165.000 COPIE

FIGURA 2

Prima pagina di "Repubblica" (7 settembre 2005)

la Repubblica

Fondatore Eugenio Scalfari — Direttore Ezio Mauro

A vuoto il vertice tra Letta e il Governatore. Bossi a cena ad Arcore. Calderoli: su Bankitalia esaurito il ruolo dell'esecutivo

Fazio resiste: non mi dimetto

Siniscalco: o viene sfiduciato o lascio. Il caso venerdì all'Ecofin

IL PREZZO CHE PAGA IL PAESE

ALBERTO STATERA

Il Governatore della Banca d'Italia Fazio e il sottosegretario alla presidenza del Consiglio Letta

IL PERSONAGGIO

Il colpevole espiatorio

FILIPPO CECCARELLI

Riviste le stime sul Pil 2005: lieve miglioramento anche rispetto al Dpef. Brunetta: manovra da 25 miliardi

L'Ocse si corregge: l'Italia cresce dello 0,2%

ROBERTO PETRINI A PAGINA 27

DOSSIER

Sondaggio sui rapporti Usa-Ue

L'America chiama l'Europa non risponde

dal nostro inviato ANDREA BONANNI

Usa - Ue

Come devono essere le relazioni tra Stati Uniti e Europa?

54 — americani — I rapporti devono diventare più stretti

55 — europei — L'unione deve avere una posizione più indipendente

IL CASO

La teoria della parentesi divide la gauche

BERNARDO VALLI

Mandato via anche un tunisino da Como. La Lega esulta: l'avevamo chiesto noi

Blitz a Torino, espulso l'imam

Giro di vite del Viminale, pronto un pacchetto di rimpatri

CUSTODERO FUSANI e ZANCAN ALLE PAGINE 10 e 11

REPORTAGE

L'Egitto al voto, tra regime e democrazia

dal nostro inviato GUIDO RAMPOLDI

SEGUE A PAGINA 13

L'INCHIESTA

Sull'espresso notturno Bari-Milano tra gatti, cani, bagni guasti e cuccette sporche

In viaggio sui treni delle zecche

DAVIDE CARLUCCI

CON REPUBBLICA

In edicola La Scienza "Il Sistema Solare"

L'inchiesta sul volo Tunisair precipitato al largo di Palermo

L'Atr decollò senza benzina: l'indicatore non funzionava

FRED VARGAS

SOTTO I VENTI DI NETTUNO

Il nuovo attesissimo romanzo della regina del giallo francese. Un clamoroso caso editoriale, un milione di copie vendute in Francia e in Germania.

FIGURA 3

Prima pagina del "manifesto" (7 settembre 2005)

il manifesto

Sindrome crociata

Caccia all'infedele

Punto e a capo, la Fiat ci riprova

Adesso frena Bossi, Fazio non si schioda

Sciopero «duro», buona adesione

Nomadi, Nevresa è stata espulsa

Katrina, Bush si fa l'inchiesta

Le guerre mentono

I peccati necessari

FIGURA 4

Pagina interna della "Stampa" (20 agosto 2005)

CRONACHE | 11

IL GIALLO DI BRESCIA CRESCONO GLI INDIZI CONTRO IL NIPOTE DEI DONEGANI

Tracce di sangue nel garage di Gatti «Lo incastreremo»

Un altro testimone l'ha visto vicino al dirupo
Si indaga sulla sua notte sospetta in un hotel

L'avvocato Luca Broli

LO SFOGO DELL'UOMO TERZA NOTTE D'ISOLAMENTO, TRA MOMENTI DI PIANTO E DISPERAZIONE

«Non sono io, cercate altrove gli assassini»

«Non lavoravo perché assistevo i genitori, ma non ho problemi di soldi»

retroscena

Piromani

A Roma ancora veicoli in fiamme

FERDINANDO CARRETTA DOVREBBE LASCIARE A BREVE L'OSPEDALE PSICHIATRICO

Potrebbe essere trasferito in comunità l'uomo che nell'89 sterminò i familiari

Ferdinando Carretta

SASSI DAL CAVALCAVIA PARLA IL PM DI CASSINO

«Nessun provvedimento fino al test del Dna»

LA STAMPA

metà del foglio, i due tagli medio e basso l'altra metà; le colonne sono chiaramente 6, due articoli di commento accompagnano l'apertura (su 5 colonne) affiancando la foto centrale; di spalla, un articolo corredato di *infografici* (cfr. *infra*), che rinvia a un *dossier* interno; nei tagli medio e basso notiamo due articoli su 3 colonne, con una disposizione incrociata di testi e immagini (anche qui c'è la pubblicità di un allegato); il movimento dell'occhio è guidato sinuosamente dalla zona alta a sinistra (*apertura*) verso destra (*spalla*) a scendere verso sinistra (*taglio medio* e commento che occupa mezza colonna verticale) fino al *taglio basso* (articolo sui treni). Nettamente divisa in due parti, infine, la prima pagina del "manifesto" del 7 settembre 2005 (FIG. 3): una grande foto in bianco e nero occupa mezzo foglio e sovrasta l'attacco dell'articolo su 2 colonne e i quattro *richiami* ad articoli interni (che vanno a formare una sorta di *davanzale*); le 5 colonne sono distribuite in modo asimmetrico: la prima contiene l'intero articolo di fondo, le altre quattro, tutte nella metà inferiore della pagina, sono disposte alternando testi e immagini con un movimento a S rovesciata.

Le pagine interne sono generalmente meno originali (sebbene il disegno sia meno condizionato dal progetto grafico rispetto a quello della prima pagina). Se ne veda un esempio nella figura 4 ("La Stampa", 20 agosto 2005): la scansione verticale delle colonne è rispettata su tutta la pagina; i tre tagli sono ben distinti da *filetti* molto spessi; solo le foto producono un effetto di vivacizzazione e di equilibrio tra pieni e vuoti.

Ampliando la categorizzazione di Dardano (2002, p. 252), Lorusso e Violi distinguono tre schemi di impaginazione: a libro, a stella, a schermo. Il modello *a libro*, più tradizionale, dispone le notizie secondo un andamento verticale; quello *a stella*, oggi molto diffuso, dispone attorno a un articolo centrale altri testi più brevi e riquadri di approfondimento; l'impaginazione *a schermo*, infine, apre la gabbia su due pagine affiancate: articoli, interviste, foto (spesso disposte al centro) e infografici sono accomunati da un unico tema. Sempre più di frequente, seguendo in questo il modello delle pagine in rete (cfr. PAR. 5.2), i suggerimenti per approfondire occupano i margini della pagina (o delle pagine aperte a schermo). Dal punto di vista semiotico, si ritiene che il modello a libro proponga una descrizione del mondo più rigida e direttiva, quello a stella un mosaico di opinioni che accoglie e accosta interpretazioni diverse della realtà, quello a schermo una rappresentazione spettacolare e passionale (Lorusso, Violi, 2004, pp. 11-6).

2.2. I titoli Oggi un quotidiano a grande tiratura nazionale può contare più di 50 pagine; anche dedicando solo 10 minuti per pagina alla lettura, avremmo bisogno di 5 o 6 ore per farci un'idea complessiva delle notizie del giorno. In realtà, il tempo medio di lettura del giornale è di circa 30 minuti; essenziale è dunque la funzione dei titoli, che spesso hanno una loro leggibilità autonoma rispetto ai testi che introducono (al punto che è stata supposta una relazione di proporzionalità inversa tra l'interpretazione del titolo e la lettura totale del pezzo, cfr. Faustini, 1995, p. 92). Ai titoli, specialmente quelli della prima pagina, la testata affida dunque il compito di riassumere la propria posizione sui fatti del giorno, e perciò spesso si parla di *biglietto da visita* del quotidiano (in passato, erano il fulcro della cosiddetta *pagina-vetrina*).
Disposti sulle colonne o nei riquadri, di spalla o contornati, i titoli sono la parte testuale della pagina che attira di più il lettore, che tuttavia li legge in modo caotico, non sequenziale. Molto importante è quindi la scelta dei *caratteri*. Per sottolineare l'importanza di un evento si può agire sul loro *corpo* (cioè la dimensione), che si calcola in *punti tipografici* (in pixel nei testi in rete) e che determina il numero di colonne occupato dal titolo (un titolo su 9 colonne copre un'intera linea orizzontale della pagina); oppure si può variare il *peso* o *spessore* delle aste (*chiaro*, *normale*, *neretto* o *grassetto*), il *disegno* (*tondo*, *corsivo*) e l'*altezza* (*minuscolo*, *maiuscolo*, *maiuscoletto*); di minore impatto visivo, almeno nei titoli, è la *larghezza* (*stretto*, *largo* o *espanso*), un elemento che possiamo considerare insieme alla distribuzione dei vuoti e dei pieni, che aiuta a dare ritmo e, quindi, significato alle varie partizioni di testo. C'è infine il *font*, cioè lo *stile* dei caratteri utilizzati: esistono due grandi famiglie di font di stampa, i font "con grazie" (o *graziati*) e i font "senza grazie". Nel primo tipo rientra lo stile tipografico più usato nei quotidiani, il *Times* (così chiamato appunto perché adottato, a partire dal 1932, dal grande quotidiano britannico): le *grazie* sono le terminazioni delle aste di ciascuna lettera, che la rendono più leggibile; nei font con grazie varia anche lo spessore delle aste. I font "senza grazie" sono detti anche *bastoni*, perché le aste delle lettere non hanno terminazioni e sono di spesso-

re uniforme: un tipico stile bastoni è l'*Arial*; nei testi in rete è molto usato il *Verdana*.

La scelta dello stile, del corpo, del disegno dei caratteri in un testo a stampa segue criteri estetici e comunicativi ed è definita con il termine inglese *lettering*, palesemente ricalcato sull'italiano *lettera* (e talora reso con *letteristica*). Come per l'impaginazione, anche per la scelta grafica dei caratteri ogni testata ha un proprio stile, cui il lettore si abitua anche a prescindere dalla sua migliore o peggiore leggibilità; secondo Gillo Dorfles (cit. da De Benedetti, 2004, p. 97, nota), la testata stessa si presenta come un *logotipo* (quello che oggi chiameremmo *logo*): osserviamo il font *Rockwell neretto corsivo* della testata del "Corriere", di tipo *egiziano* (con grazie, molto stilizzato) e che ricorda le insegne dei locali del Far West (su tutto questo, cfr. in generale Bandinelli, Lussu, Iacobelli, 1990).

Il corpo dei titoli principali può arrivare oltre i 36 punti (ma mai superare – salvo casi eccezionali – quello della testata); nel testo degli articoli varia dall'11 (tipico dei libri a stampa) fino a dimensioni molto piccole: lo spazio sempre più ampio conquistato dalle immagini e la tendenza ad affollare di notizie le pagine principali (soprattutto la prima) hanno fatto crescere il numero di testi scritti in corpi piccolissimi. Per guadagnare spazio si può ridurre anche l'*interlinea* (lo spazio tra una linea di testo e l'altra). In genere, il minuscolo è preferito al maiuscolo perché è meno faticoso per una lettura continua, dato che distingue meglio la parte superiore delle lettere, quella che ne garantisce la riconoscibilità; anche il corsivo non è molto usato, perché più condensato e quindi un po' meno leggibile del tondo. In genere, per dare vivacità alla pagina, il neretto si alterna al chiaro, il tondo al corsivo, e se un titolo è stampato con un font bastoni, se ne userà uno con grazie per sottotitolo e occhiello. Si veda, per esempio, la figura 1: il titolo del fondo di Sergio Romano è in *Times neretto maiuscolo*; quello dell'apertura in *Arial neretto minuscolo*, ma l'occhiello è in *Times tondo chiaro* e il sottotitolo in *Times corsivo chiaro*; "Repubblica" (FIG. 2) gioca più sulla varietà dei corpi: nessun titolo è in maiuscolo e lo stile *bastoni maiuscolo* è usato solo per gli autori degli articoli e per le testatine. Notiamo che il maiuscolo porta a confondere tra nomi propri e nomi comuni (le iniziali degli autori degli articoli hanno la stessa altezza delle altre lettere): nella prima pagina del "Corriere" l'articolo di commento di Emanuele Severino presenta un uso insolito delle maiuscole: "La Seconda Guerra Fredda"; i tempi rapidi di composizione dei quotidiani e i vincoli di compatibilità dei font usati in redazione e in tipografia fanno sì che spesso le lettere maiuscole accentate siano rese con un apice (FIG. 1: "CHI DISARMERA' HEZBOLLAH?").

Il titolo fa parte di quello che definiamo *paratesto*, cioè la parte esterna al testo vero e proprio, che lo introduce e lo completa. Un titolo "tipo" si compone in realtà di tre elementi: l'*occhiello*, o *soprattitolo*, che introduce il concetto espresso dal titolo; il *titolo* vero e proprio, o *headline*; e infine il *sottotitolo* o *sommario*, che spiega il titolo e offre una sintesi dei contenuti dell'articolo; il *sommario* può svilupparsi nel cosiddetto *catenaccio* (una riga marcata collocata sotto il sommario, così chiamata perché si "incatena" alla riga di testo precedente), che a sua volta può avere una struttura più ampia, fino alle due righe di testo (*doppio catenaccio*). La lettura di questo apparato a tre dimensioni procede in genere cominciando dal titolo principale, proseguendo con l'occhiello e infine scendendo al sommario. Papuzzi (2002, pp. 75 ss.) e Rizza (2003, pp. 172-4) sostengono che l'occhiello sia l'elemento letto per ultimo, ma se si fa caso alla salienza percettiva e alle abitudini di lettura, dopo il titolo, che è la parte stampata in corpo maggiore, l'occhio tende a riprendere il percorso abituale dall'alto verso il basso, tanto che alla fine degli anni settanta non era raro imbattersi anche in occhielli che si collegavano al titolo con i puntini di sospensione: "Uomini politici e giornali fanno rilevare... LE CONTRADDIZIONI DI CARTER" (Dardano, 1986, p. 463, nota). Questa sequenza condiziona i rapporti di coesione fra i tre elementi, come vedremo più avanti.

Sopra i titoli compaiono sempre più spesso le cosiddette *testatine*, titoletti che segnalano sinteticamente la natura dell'articolo cui si riferiscono (per esempio: *forum*, *il personaggio* ecc.) e che sono spesso evidenziati da *fondini* (grigi o colorati) o da elementi iconici (filetti, losanghe, pallini o quadratini); notiamo le testatine del "Corriere" (FIG. 1: *in primo piano*, *l'intervista*, *in Germania*) e di "Repubblica" (FIG. 2: *dossier*, *il caso*, *l'inchiesta*), colorate negli originali. Parte del titolo o una parola chiave possono essere riprese in testa alla prosecuzione dell'articolo in una pagina interna (è il cosiddetto *titolo di giro*); quando uno stesso tema di grande interesse occupa più pagine, la fascetta orizzontale sovrastante i testi, che contiene il numero di pagina, la data, l'indicazione della sezione tematica del giornale (interni, economia, spettacolo ecc.) e altri elementi di supporto, può ospitare anche una sorta di titolo corrente, per far capire immediatamente al lettore di cosa si parla in quella pagina; la parola chiave è spesso sostituita da un'icona (per esempio il disegno stilizzato di un locomotore se il tema trattato è un disastro ferroviario ecc.).

Schematicamente, raggruppiamo i titoli in due tipologie principali: *titoli descrittivi* e *titoli valutativi*. I titoli descrittivi (definiti variamente dai diversi studiosi: *cronistici*, *indicativi*, *informativi* o infine *referenziali*) corrispondono a quello che nel mondo anglosassone viene chiamato *news* ("notizia"; attenzione, il termine in inglese è invariabile); i titoli valutativi (o *drammatici*, *brillanti*, *impressivi*, *emotivi*) a quello che nel mondo anglosassone sono le *features* ("servizi speciali"). La distinzione può essere ben rappresentata da un semplice esempio (da Cicalese, 2000, p. 142): STASERA ALLO STADIO FLAMINIO CONCERTO DI BRUCE SPRINGSTEEN (descrittivo) in alternativa a IL BOSS È FRA NOI (valutativo). Entrambi danno un'informazione, ma il primo lo fa in modo dettagliato e descrittivo, il secondo usando gli strumenti dell'*allusione* (*il boss* è l'appellativo con cui Springsteen è noto presso i suoi fan e, in genere, tra gli amanti della musica rock) e dell'*ellissi* (*è fra noi* indica, genericamente, che è in un luogo vicino a quello in cui si trovano i potenziali lettori del giornale; ben diversa è la precisione temporale e spaziale del primo titolo); l'insieme evoca un clima d'attesa quasi religiosa. Il titolo valutativo è in genere più breve, immediato e attraente; deve seguire il cosiddetto "principio del bikini", essere cioè abbastanza piccolo da attirare l'attenzione ma abbastanza grande da coprire l'indispensabile e invitare a proseguire la lettura. Il titolo descrittivo, tendenzialmente, deve rispondere alla regola delle 5 W (cfr. PAR. 3.1) e cioè informare (insieme a occhiello e sommario) su quando e dove (*stasera allo stadio Flaminio di Roma*), cosa (*concerto*), chi (*Springsteen*) e se necessario perché.

Com'è noto, quasi sempre il titolo non è scelto dall'autore ma dalla redazione (in passato da una figura specializzata, il *titolista*, oggi piuttosto rara) che si basa sul testo di una notizia d'agenzia arricchito da altre informazioni sul fatto; facilmente, ci si ispirerà allo stile di titolazione consolidato nella testata tenendo anche conto degli altri titoli presenti nella pagina. A seconda della tradizione interna al giornale e del *patto comunicativo* con il lettore (cioè l'insieme di abitudini e di conoscenze condivise tra redazione e pubblico) avremo titoli più o meno gridati e più o meno allusivi e ironici; "Libero" e "La Padania", per esempio, introducono spesso – nei titoli ma anche nei testi degli articoli di prima pagina – regionalismi settentrionali più o meno marcati, strizzando l'occhio a un pubblico di lettori concentrato soprattutto nelle regioni del Nord (il 15 dicembre 2005, per esempio, su "Libero" troviamo il titolo *Prodi tarocca i vini DOC italiani*); da parte sua, "Liberazione", che si proclama orgogliosamente "giornale comunista", l'11 marzo 2006 titola: *Un piano per i primi 100 minuti di governo: / abrogare la legge fascista sugli spinelli*).

Le esigenze di brevità e di spazio incoraggiano le redazioni a far uso di tecniche di "riduzione della frase" (Cicalese, 2000, p. 143). Ne vediamo alcune nella tabella 1, corredata di esempi.

L'eliminazione degli articoli e degli ausiliari è un modo semplice per risparmiare spazio, perché il lettore è in grado di ricostruire facilmente le parti mancanti, che hanno scarso peso semantico; questa tecnica produce un tipico stile *brachilogico* ("abbreviato"). Nell'esempio della tabella 1, il sintagma "il modello della Merkel" si riduce a due sostantivi

TABELLA 1

Tecniche di riduzione della frase

Eliminazione di articoli e ausiliari	Il modello della Merkel è una tentazione da evitare	Modello Merkel tentazione da evitare
Tematizzazione e messa in rilievo	Prodi incalza i lavoratori autonomi sul tema delle tasse	Prodi incalza i lavoratori autonomi
Frasi passive	L'imam di Torino è stato espulso dall'Italia con un blitz	Blitz a Torino, espulso l'imam

giustapposti, *modello Merkel*, in cui il secondo determina il primo (come in *vagone letto*, *sala parto* o *consegna pacchi*). Nel secondo esempio il quotidiano sceglie, tra i vari protagonisti del fatto, il tema delle tasse, lo isola e lo mette in rilievo all'inizio della frase; questa volta il verbo (*incalza*) è mantenuto e conserva il suo peso semantico. Nel terzo esempio, l'azione è ridotta a un sostantivo (*blitz*) e l'agente (*la polizia*) è cancellato; il soggetto della frase passiva (*l'imam*) è anticipato dal semplice participio passato (*espulso*; è una tipologia sintattica che si afferma nel secondo dopoguerra; cfr. PAR. 1.1). Specialmente nei titoli disposti su una colonna, la scansione deve rispettare alcune regole: gli articoli determinativi e le preposizioni vanno legati alle parole cui si riferiscono, così come i verbi devono restare uniti ai complementi che reggono.

Riflettiamo ancora sulla coesione tra le tre componenti del titolo prendendo spunto da un esempio di Papuzzi (2002, p. 81). Il 22 e il 23 giugno 1992 la Lega dà vita a una doppia polemica: il 22, il papa, in un discorso in Lombardia, critica i particolarismi territoriali e di categoria; l'ideologo leghista Gianfranco Miglio commenta: «Il papa dà una mano alla DC»; Roberto Formigoni, leader del movimento cattolico Comunione e Liberazione, polemizza con Miglio; il giorno dopo, in un comizio a Milano, Bossi attacca la maggioranza di governo e anche il papa, con la frase «Ci sarà la sparatoria organizzata» e un suo collaboratore gli fa eco: «Stiamo oliando i kalashnikov» (sorta di mitragliette usate dall'esercito sovietico). Vediamo i titoli della "Stampa" in quei giorni.

22 giugno	23 giugno
Miglio: vuole aiutare la DC.	*E attacca anche il Papa:*
Formigoni ribatte: non hai pudore	*è contro la Lega? Apro ai protestanti*
"NORD CORROTTO COME IL SUD"	"OLIAMO I KALASHNIKOV"
Il pontefice frusta ancora i politici	Bossi: riforme o andiamo alla guerra

In entrambi i casi il sommario spiega il titolo (esplicita l'autore delle parole stampate tra virgolette, anche se la frase dei kalashnikov non è stata pronunciata da Bossi); nel secondo esempio osserviamo il forte legame sintattico tra titolo e occhiello. In genere, però, è l'occhiello a spiegare il senso del titolo, mentre il sommario ha la funzione di dare ulteriori informazioni.

La punteggiatura, elemento di coesione, ha un importante ruolo di semplificazione dei nessi logici; vediamone – nella tabella 2 a pagina seguente – alcune tipologie, applicando lo schema proposto da Bonomi (2003, p. 140).
Qualche osservazione. Spicca la frequenza di titoli nominali, spesso con giustapposizione di *tema* e *rema* (predicato) separati da un segno d'interpunzione o dall'accapo. La prevalenza del nome sul verbo caratterizza, ormai da più di vent'anni, la titolazione della stampa italiana rispetto a quella straniera (all'inizio del Novecento dominavano ancora le frasi complete e i titoli nominali conservavano articoli e preposizioni; cfr. gli esempi riportati in Bonomi, 2002, p. 53, nota). Nella prima pagina del quotidiano francese "Le Monde" del 3 maggio 2007 i tre titoli principali hanno tutti una struttura con verbo in forma esplicita (per esempio *La crise institutionnelle se complique en Turquie* = "la crisi istituzionale si complica in Turchia"), qualche titolo solo nominale compare nel taglio basso; ancor più evidente il caso dello spagnolo "El País", che nella prima pagina del 13 aprile 2007 ospita solo titoli costituiti da frasi piuttosto lunghe con i verbi al loro posto (*España refuerza la vigilancia en seis "provincias sensibles"* = "la Spagna rafforza la vigilanza in sei 'province sensibili'") e anche nelle pagine interne usa quasi solo titoli di questo tipo.
Già da tempo è stato notato che titoli diversi possono suscitare differenti interpretazioni dello stesso articolo. Aggiungiamo, seguendo Antelmi (2006, pp. 59 ss.), che le scelte linguistiche hanno un effetto sul modo di organizzare la rappresentazione della realtà. Abbiamo visto la cancellazione dell'agente in un titolo come *Blitz a Torino: espulso l'imam*; lo stesso giorno, "il Giornale" titolava in modo non troppo dissimile: *Terrorismo: espulso l'imam di Torino*. La tecnica di sostituire un verbo con un nome trasforma un'azione in un'entità astratta, dando al lettore il compito di ricostruire il processo e di attribuire i ruoli dell'agente e dell'oggetto (*chi ha espulso l'imam?*). Apparentemente si tratta di una scelta neutra, ma proprio il confronto con il titolo del "manifesto", *Caccia all'infedele*, chiarisce lo sfondo ideologico dell'operazione: anche "il manifesto" usa lo stile nominale, e definendo *caccia* l'operazione del ministero dell'Interno e *infedele* l'imam opera un'evidente forzatura ideologica del messaggio, che tinge l'azione delle autorità

TABELLA 2

Titoli e punteggiatura

Due segmenti separati da virgola, due punti, o punto fermo, con tema nominale al primo posto e tema nominale o verbale al secondo	Giro di vite al Viiminale, pronto un pacchetto di rimpatri	Il pacchetto di rimpatri è un elemento del "giro di vite"; si notino l'assenza dell'ausiliare ([è] pronto) e la cancellazione dell'agente
	Finta colata di lava per Silvio. Allarme ai pompieri	Anche in questo esempio il secondo elemento è la conseguenza del primo; lo stile è nominale
	Katrina, Bush si fa l'inchiesta	Il tema (il ciclone Katrina) è messo in rilievo, cancellando la preposizione (Bush fa un'inchiesta [sul ciclone] Katrina)
Titolo nominale composto da un sostantivo determinato da attributi o espansione di complementi	L'Egitto al voto, tra regime e democrazia	Il secondo segmento aggiunge informazioni al primo, che potrebbe funzionare anche da solo (con ellissi del verbo)
	Tracce di sangue / nel garage di Gatti	è cancellata tutta la parte verbale, ricostruibile come una frase passiva [sono state trovate] tracce di sangue...; manca anche l'agente (chi ha trovato le tracce?)
	In viaggio sui treni delle zecche	Il sostantivo sostituisce il verbo: la cancellazione dell'agente suggerisce una sovrapposizione tra l'articolista (che racconta il proprio viaggio) e il generico viaggiatore, costretto a sopportare disagi inaccettabili
Frase verbale	L'ATR decollò / senza benzina / l'indicatore / non funzionava	Anche qui ci sono due segmenti; manca un connettivo, che il lettore ricostruisce facilmente come una congiunzione causale: "L'Atr decollò senza benzina *perché* l'indicatore non funzionava"
Battuta in discorso diretto (con o senza virgolette)	Fazio resiste: non mi dimetto	Il verbo di dire (Fazio *afferma*:...) è dato per scontato e sostituito da un verbo che interpreta l'azione di Fazio come una "resistenza"
	Clinton loda Bush: giusta la castità contro l'AIDS	Nel secondo segmento manca il verbo ausiliare (la castità è giusta); il lettore capisce che Bush sostiene la castità come precauzione contro l'AIDS

Interrogativa contratta (spesso con risposta)	"Da me l'ok? Ho fatto il mio dovere"	Il titolo, tratto dalla cronaca di Roma di "Repubblica" (20 ottobre 2006, p. 2) è un'autointerrogazione dell'operatore di controllo della metropolitana di Roma che avrebbe dato il segnale di via libera al treno coinvolto in un grave incidente qualche giorno prima: il complesso di queste notizie è condensato in un frammento di "parlato" di poche sillabe

italiane di una sfumatura aggressiva, assimilandola alle crociate; l'operazione dei redattori del "manifesto", scoperta, getta luce sull'ideologia sottesa al titolo del "Giornale": è assai più probabile che il lettore parafrasi "L'imam di Torino è stato espulso *per / con l'accusa di / in connessione al* terrorismo" che non, in modo più neutro, "L'imam di Torino è stato espulso nell'ambito delle misure di prevenzione contro il terrorismo".

Tra il titolo, l'occhiello e il sommario sussistono evidenti rapporti di coesione. Vediamo qualche esempio. Nella pagina che "La Stampa" dedica al "giallo di Brescia" (FIG. 4) i titoli dei due articoli di taglio alto e basso sono definibili come *dialoganti*, perché simulano uno scambio di battute (*«Lo incastreremo» / «Non sono io, cercate altrove gli assassini»*); l'insieme intertestuale di fotografie e conoscenze condivise dal lettore sui fatti permette al titolista di non menzionare chi ha pronunciato le frasi virgolettate. Nel sommario (*Un altro testimone **l'**ha visto vicino al dirupo / Si indaga sulla **sua** notte sospetta in un hotel*) il pronome atono e l'aggettivo possessivo riprendono anaforicamente (cfr. PAR. 3.1) il soggetto logico del titolo (*Gatti*).

Una coesione più complessa realizza "la Repubblica" (FIG. 2) tra titolo e sommario dell'apertura e titolo del fondo di Alberto Statera: *Fazio resiste: non mi dimetto / Siniscalco: o viene sfiduciato o lascio* (dichiarazione del governatore della Banca d'Italia Antonio Fazio e risposta del ministro dell'Economia Domenico Siniscalco, in cui *Fazio* è il soggetto *ellittico* di *viene sfiduciato*) e *Il prezzo che paga il paese*, dove *il prezzo* riassume criticamente il tema suggerito in apertura, cioè lo scontro tra le massime autorità finanziarie dello Stato. La coesione può avvenire con un sinonimo (titolo: *Tasse, **Prodi** incalza i lavoratori autonomi*;

occhiello: *Il **Professore** attacca l'evasione fiscale*; titolo: *Finta colata di lava per **Silvio***; occhiello: ***Berlusconi**, festa a villa Certosa*) o con un pronome anaforico che riprende un frammento di discorso diretto (secondo lo schema: "*... " / **Lo/Questo** ha detto X*). In progressivo aumento è la titolazione aperta da un connettivo, che presenta la frase come la continuazione di un discorso già avviato e attiva meccanismi di intertestualità tra titoli o, anche, competenze extratestuali del lettore; si può trattare di una congiunzione coordinante: *E Padoa-Schioppa striglia i ministri* ("Repubblica", 20 ottobre 2006, p. 3; è quello che Dardano chiama «*e* giornalistico di avvio»); ma anche di una subordinante, talora con funzione retorica; o, ancora, di un'interiezione o di un altro *segnale discorsivo* (cfr. PAR. 4.4) che simula il parlato. «Sembra corrispondere a un intento iconico, volto a presentare un evento in modo netto, quasi sottraendolo alla sua cornice esistenziale» (Dardano, 2002, p. 164) l'uso della sequenza "è + sostantivo": *È bufera sull'Isola di RaiDue / per la bestemmia in diretta TV* ("Repubblica", 20 ottobre 2006, p. 67). Va però anche osservato che spesso non esiste corrispondenza biunivoca tra titolo e testo e che a un solo titolo possono corrispondere più articoli o che i titoli possono "dialogare" tra loro (De Benedetti, 2004, p. 36); questo accade spesso nelle pagine monotematiche o nell'impaginazione "a schermo".

Oltre a questi esempi di punteggiatura marcata, soffermiamoci sull'uso delle *virgolette*: la loro funzione primaria è quella di segnalare una citazione, tuttavia, nei titoli, spesso se ne fa a meno (anche per risparmiare spazio), ritenendo sufficiente l'uso dei due punti o della semplice virgola. Vediamo, per esempio, l'occhiello dell'apertura del "Corriere" riportata nella figura 1: *Parisi chiede risposte. Il premier: decreto sulla missione. Gelo nell'opposizione, Bossi: costa troppo*. Le dichiarazioni di Prodi (*il premier*) e di Bossi non sono virgolettate; un po' anomala è la virgola dopo la frase *Gelo nell'opposizione*; dal momento che il riferimento a Bossi esprime il "gelo", potevano andar bene anche i due punti che sono probabilmente stati evitati per non creare un effetto di accumulo. In genere, le virgolette sono ritenute un segnale di garanzia: le parole virgolettate sarebbero quelle effettivamente pronunciate; ma i quotidiani d'oggi, che abusano del discorso diretto (cfr. PAR. 4.2), mettono tra virgolette anche testi rimaneggiati dalla redazione e spesso affidano a questo segno solo il compito di vivacizzare il titolo (De Benedetti, 2004, p. 53). Le virgolette citazionali vanno tenute ben distinte dalle *virgolette enfatiche*, che servono a segnalare l'uso improprio (non comune o anche malizioso) di una parola o una presa di distanza da parte del giornalista. Alcuni esempi: il titolo dell'articolo di Pietro Ichino sul "Corriere" (FIG. 1) è *Lo stress del dipendente «spremuto»*: in questo caso l'aggettivo ha un valore traslato, metaforico; se nell'articolo sull'AIDS il titolista avesse stampato *Clinton "loda" Bush*, avrebbe suggerito al lettore una lettura ironica del verbo (la lode è solo apparente, in realtà è una critica).

Nel lessico dei titoli coesistono stereotipia e originalità. De Benedetti osserva che «il ventaglio di varianti lessicali usate nei titoli è sensibilmente più ristretto di quelle disponibili per i testi degli articoli» (2004, pp. 69 ss.); si va da *esodo* "partenza in massa per le vacanze" a *veleno/veleni* "sentimenti di rancore o malignità", fino ai più logori *giallo*, *incubo*, *rischio*, *dramma* per enfatizzare qualsiasi evento misterioso o problematico. I titoli inseguono le parole alla moda e le bruciano in fretta, ma solo dopo averle ben spremute, distribuite presso gli altri media e, di lì, nel lessico quotidiano. Un'altra caratteristica è la tendenza alla condensazione, la preferenza della titolistica per le forme sintetiche piuttosto che per quelle analitiche (Dardano, 1986), che risponde a esigenze di risparmio di spazio ma anche di semplificazione semantica e si esprime attraverso l'uso di sigle (*ATR*, *PM*, *DNA*, *TFR*, *PACS*, *OGM* ecc.), affissati (*discontinuità*, *neocolonialismo*, *terapie antidolore*), derivati (*deprodizzare* nei titoli del "Riformista" del 20 ottobre 2006), composti verbo + nome (*decreto salvaspesa*) o nome + nome (*fondi pensione*, *inchiesta verità*), che ammettono l'ibridazione con l'inglese (*Bankitalia*, *Laziogate*, *azienda leader*, *dibattito-show*; cfr. PAR. 3.5) e infine giustapposizioni con ellissi più o meno evidenti (*safari scandalo*, *rischio collasso*; se ne vedano altri esempi nel paragrafo dedicato alle pagine sportive, PAR. 3.2.2) tutt'al più segnalate da un trattino, come nel seguente titolo di "Repubblica" del 29 settembre 2006, p. 32: *Margherita: patto Letta-Franceschini: / No a frenate sul partito democratico*; in un altro titolo ("Libero", 27 aprile 2006, p. 17) notiamo un prefissato e un composto: *Piante antismog / arbusti mangia-gas lungo le strade più inquinate*. Dardano (2002, p. 278) ricorda anche grafismi particolari, come l'uso della *e-* della posta elettronica, della chiocciolina @ per la *a*, che rinviano al modello della «scrittura mediale abbreviata e ricca di elementi connotativi».

Insieme ai neologismi, nell'apparato dei titoli si addensano i forestierismi; nel "Corriere" notiamo *hezbollah*, un arabismo occasionale che non è detto si radichi nel lessico e l'anglicismo *stress*, che invece è ormai entrato a far parte del vocabolario quotidiano; in "Repubblica" compaiono il germanismo *Blitz* e i francesismi *gauche* ("sinistra", per indicare i partiti di sinistra in Francia) e *dossier* (nella testatina); più avari "La Stampa", dove troviamo solo i banali *hotel* e *test*, e "il manifesto" che non ne presenta nessuno. Ma basta scorrere un qualsiasi quotidiano per trovarne in quantità; "Repubblica" del 20 ottobre 2006, a p. 13, affianca due articoli sul tema delle terapie contro il dolore: *Curarsi senza soffrire / colmato il gap con l'Europa* e *Diritto alla gravidanza soft / "Una svolta per le donne"*; ancora, "Stampa" del 21 ottobre 2006, p. 1: *Airbus / ultimo flop / d'Europa*. L'abuso di anglicismi e *xenismi* (forestierismi usati solo per riferirsi a idee o cose proprie di culture straniere, come *burqa*, talora parzialmente integrati grazie a meccanismi di derivazione, come *jihadista* dall'arabismo *jihad* "guerra santa") è massimo nei titoli degli allegati patinati, che sfruttano anche pesantemente i meccanismi ludici e retorici.

Sempre per esigenze di seduzione del lettore, nella titolazione hanno largo spazio metafore e traslati. Campi metaforici sfruttati da molto tempo sono la guerra, la storia, la medicina, la religione, lo sport (Dardano, 1986); il giornalismo più recente accoglie anche metafore informatiche e, nella politica, immagini tratte dal lessico automobilistico. Abbiamo già visto un *frenate*, dal "manifesto" del 7 settembre 2005 citiamo: *Adesso frena Bossi / Fazio non si schioda*, dove notiamo anche l'uso di un verbo espressivo tipico del linguaggio giovanile (*schiodarsi* per "andarsene").

Abbondano infine le citazioni, spesso riformulate o deformate ironicamente: il circuito mediatico dell'informazione favorisce l'effetto-copia da un medium all'altro (a dare l'avvio sono spesso i lanci d'agenzia) e l'autoreferenzialità, per cui i quotidiani citano la televisione, la televisione cita il cinema, il quale a sua volta si ispira alla letteratura e così via. Il volume di Medici e Cappelluzzo Springolo (1991) è un ricco inventario di titoli giornalistici tratti da pellicole più o meno celebri e che sono ormai entrate nel repertorio delle frasi fatte: da *Cronaca di una morte annunciata*, romanzo del Nobel colombiano Gabriel García Márquez e poi da un film di Francesco Rosi derivano titoli come *Delitto annunciato*; *Storie di ordinaria follia* dello statunitense Charles Bukowski, portato sullo schermo da Marco Ferreri, è una frase entrata negli stereotipi della cronaca giornalistica per indicare episodi di violenza particolarmente efferata, in genere innescata da motivazioni banali (in anni più recenti non si contano le riformulazioni del titolo di un film di Pedro Almodóvar: *Sindacati* [nell'originale *Donne*] *sull'orlo di una crisi di nervi*). Si realizza così quello che è stato definito un vero e proprio "cambiamento del folklore" (Loporcaro, 2005, p. 64): a frasi idiomatiche, proverbi e citazioni letterarie si sostituiscono slogan pubblicitari o frammenti della cultura televisiva più vicina nel tempo; a proposito dell'abbandono del TG5 da parte del giornalista Lamberto Sposini, "Libero" del 27 aprile 2006, p. 9, titolava: *Il bello della sinistra se ne va / con 900mila euro in tasca*, con una riformulazione ironica dello stereotipo televisivo *il bello della diretta*. Citazioni un po' meno ovvie appaiono nelle pagine dedicate alla cultura o agli spettacoli, che si ritengono rivolte a un pubblico più colto o più attento. Titoli di questo tipo, che condensano le notizie in una metafora o in una citazione deformata, confondendosi quasi con gli slogan (Cicalese, 2000, p. 139, nota) sembrano funzionare meglio nelle testate di tendenza, che intrattengono un colloquio abituale con lettori che del giornale condividono linguaggio e cultura.

2.3. Testo e immagine Il quotidiano delle origini si presentava al lettore come una sequenza ordinata e rigida di lunghe colonne di testo, appena un po' vivacizzate da titoli e filetti (qualche immagine compariva tra le inserzioni pubblicitarie; ricordiamo tuttavia anche le illustrazioni a tutta pagina della "Domenica del Corriere"). Ben diverso è l'aspetto di un quotidiano del nuovo millennio. Le immagini conquistano spazi e rilevanza crescenti, anche grazie all'uso del colore. È certo un effetto dell'evoluzione tecnologica, che ha ridotto i costi di riproduzione e stampa delle fotografie e semplificato le tecniche d'impaginazione. Ma il trionfo dell'immagine ha anche altre motivazioni e si presta a una riflessione approfondita. Secondo Umberto Eco il ridimensionamento della stampa rispetto agli altri media lascia solo due alternative ai quotidiani: o dare più spazio all'approfondimento critico o assumere le regole della televisione, imitandone anche, per quanto possibile, le forme comunicative. La prima strada è percorsa dai *fogli di opinione*, che somigliano molto ai quotidiani delle origini: moltissimo testo, poche immagini, taglio nettamente orientato all'approfondimento. La seconda dai *quotidiani generalisti*, che invece inseguono la televisione (e, in certa misura, anche la rete) riservando spazio crescente a quello che definiremo, nel suo insieme, l'*apparato iconografico* (non solo le fotografie, ma anche tutto ciò che non è codice verbale).

In pubblicità testo e fotografie sono frutto di uno stesso momento creativo, mentre nei quotidiani l'immagine è quasi sempre un fotogramma della realtà raccontata dalla notizia, spesso acquistati presso agenzie specializzate. Dal punto di vista del contenuto, la foto può avere funzione *documentaria* o *narrativa*, *interpretativa* o *estetica*, o anche solo *spettacolare* (produce un'emozione o cerca di suscitare curiosità). Il colore, entrato da pochi anni nelle foto giornalistiche (il primo quotidiano italiano è stato "Repubblica", nel settembre 1995, cfr. Loporcaro, 2005, pp. 96 ss.), può avere una funzione *integrativa*, dando un'informazione aggiuntiva rispetto all'immagine in bianco e nero, o *compositiva*, cioè di sostegno all'equilibrio dell'immagine (e di complessiva ripulitura grafica), come nel linguaggio dei fumetti. L'uso del colore accentua l'*effetto di realtà*, la *finzione d'immediatezza* sensibile, la stessa del mezzo televisivo, che ribalta il rapporto tra vedere e capire riducendo l'informazione a emozione.

La spettacolarizzazione della notizia produce nuove modalità di convivenza tra testo e immagini. Una distinzione ormai classica, e molto utile nella pratica, è quella proposta da Roland Barthes. Secondo il celebre semiologo francese, l'immagine si muove su due piani contemporaneamente: da un lato essa viene percepita oggettivamente come *copia* della realtà (anche se l'immagine *non è* la cosa rappresentata); dall'altro è anche letta, interpretata, quando vi si riconoscono una serie di segni, più o meno costruiti, che sono tradotti dal lettore come significati estetici legati a ideologie e modelli socioculturali. Il rapporto più semplice tra codice linguistico e codice iconico è quello di *denominazione*; per esempio, una *didascalia* denomina l'oggetto raffigurato nell'immagine, come nelle illustrazioni scientifiche. Più complessi sono i rapporti di *ancoraggio* (*ancrage*) e di *ricambio* (*relais*). Si ha *ancoraggio* quando le parole "ancorano" la percezione dell'osservatore su alcune informazioni, distogliendola da altre: poiché ogni immagine è polisemica, cioè può avere più significati, il testo orienta il lettore e gliene fa recepire alcuni piuttosto che altri. La parola serve dunque per delimitare con sicurezza l'informazione data dall'immagine, che però detiene il grosso del valore informativo. Si ha *ricambio*, invece, quando parole e immagini sono *complementari*: le parole sono frammenti di un sintagma più generale, allo stesso titolo delle immagini, e l'unità del messaggio si ricompone a un livello superiore (cfr. Anichini, 2003, pp. 178-83).

Facciamo qualche esempio: nella prima pagina di "Repubblica" riportata nella figura 2, la foto sotto il titolo d'apertura è accompagnata da una *didascalia* che spiega al lettore chi sono i due personaggi rappresentati (Antonio Fazio e Gianni Letta); è un classico caso di *denominazione*. L'*ancoraggio* si manifesta nel rapporto tra il titolo e la foto dell'articolo nel riquadro del taglio medio: l'immagine generica di una folla di persone che portano cartelli elettorali in una via cittadina è chiarita dal titolo, che circoscrive il luogo (*Egitto*) e le circostanze (*voto*). Un rapporto di *ricambio* si ha tra il titolo e la foto dell'articolo principale della "Stampa" del 20 agosto 2005 (FIG. 4): parole e immagini esprimono lo stesso concetto – che potremmo riassumere con le parole "indagini della polizia scientifica in casa di un sospetto di omicidio" – ma lo fanno con mezzi diversi; anche la foto che accompagna l'articolo di taglio medio intrattiene con il titolo un rapporto simile: notiamo che le persone rappresentate in primo piano sono quelle cui il lettore è portato ad attribuire intuitivamente il testo virgolettato; inoltre, l'immagine completa quel che il testo non dice, presentando l'agente, *cancellato* nel titolo nominale ed ellittico (cfr. PAR. 2.2); le didascalie svolgono una funzione informativa di rinforzo.

Nell'informazione a stampa è piuttosto raro trovare fotografie totalmente autonome dal testo, ma negli ultimi anni lo spazio e il peso informativo e simbolico dell'immagine sono enormemente aumentati. "il manifesto" ha inaugurato la tendenza, seguita poi – con più cautela – da altri quotidiani, ad attribuire a una fotografia il ruolo di riassumere simbolicamente la notizia principale del giorno. Le foto del "manifesto"

sono spesso foto calligrafiche, di professionisti, anche se ancora non portano la firma degli autori (come avviene da tempo in altri paesi); oppure sono, sì, foto d'agenzia, ma scelte per le loro qualità estetiche o per il taglio originale. Abbiamo un esempio di questa funzione nella figura 3: la grande foto in bianco e nero mostra in primo piano un uomo riconoscibile, per un lettore occidentale, come un arabo (tratti somatici, taglio della barba, abbigliamento): è l'imam di Torino di cui abbiamo parlato nelle pagine precedenti. Il quotidiano presume che il lettore conosca già la notizia (cfr. *Introduzione*) e sceglie un titolo ironico e al tempo stesso polemico, che non vuole spiegare (*denominazione*) né circoscrivere l'informazione data dalla foto, ma ha una funzione di commento, un ruolo subordinato. Prevale la drammatizzazione: il fotografo coglie lo sguardo dell'uomo, il gesto che sembra chiedere a un ipotetico interlocutore: "Proprio io?", persino il braccio della figura dietro di lui, e il titolo condensa il tutto con le parole *caccia* (l'indice puntato?) e *infedele*. È il nucleo di una narrazione, ma anche il frammento di un *discorso* che chiama in causa, con un rinvio co-testuale, il titolo dell'editoriale (*Sindrome crociata*).
La foto a colori pubblicata dal "Corriere" al centro della prima pagina (FIG. 1) suggerisce due osservazioni. In primo luogo, si tratta del fotogramma di un filmato, tagliato da una fonte televisiva statunitense, come mostra la didascalia *developing story* evidenziata su fondo giallo: un ennesimo esempio di come i quotidiani "inseguano" la televisione. In secondo luogo l'immagine, presa dall'alto, di un agente della polizia aeroportuale di Washington che esamina una fila di bagagli con l'aiuto di un cane poliziotto dà al lettore un fortissimo *effetto di realtà* e di *presenza* sul luogo dell'evento, molto più di quanto avrebbe potuto fare la generica foto di un aeroporto.
Ancora rare nei quotidiani degli anni settanta (ma la satira nella stampa ha una storia molto antica), le *vignette* satiriche riappaiono alla fine degli anni ottanta, forse a causa dei rivolgimenti politici di quel periodo. Distinguiamo due tipi principali di vignette: le *caricature* di personaggi istituzionali e quelle che mettono in scena personaggi anonimi che commentano i fatti del giorno. Al primo tipo appartengono le vignette di Forattini ("Giornale", "Panorama") e Giannelli ("Corriere"), al secondo quelle di Altan e Ellekappa ("Repubblica") o di Vauro

("manifesto"). Secondo Lorusso e Violi (2004, pp. 47-8) i personaggi anonimi sono "simulacri" del lettore e creano un effetto di maggior vicinanza tra la testata e il suo pubblico. La vignetta di Emilio Giannelli riportata nella figura 1 è dedicata al leader leghista Umberto Bossi, rappresentato come un cane (per indicare la sua abitudine a usare toni forti, ad "abbaiare" nella comunicazione politica) il cui corpo si piega, di profilo, a riprodurre il simbolo della moneta europea, l'euro, riconoscibile anche grazie alle stelle che la circondano. Notiamo che nel fumetto è riprodotta la frase attribuita a Bossi nell'occhiello di apertura, con la sola aggiunta di due punti esclamativi; la didascalia commenta la *nuova posizione* di Bossi, inaspettatamente allineato all'euro. A proposito delle vignette di Forattini nella prima pagina della "Repubblica" negli anni settanta e ottanta si è scritto che condensavano in pochi tratti un intero editoriale. Lo stesso può dirsi della vignetta di Giannelli, che può essere interpretata correttamente solo a patto di possedere alcune informazioni di tipo enciclopedico sulla politica italiana del momento (il modo di comunicare di Bossi, le sue posizioni quasi sempre critiche nei confronti dell'Unione Europea e dell'euro) e, in più, una certa consuetudine con le abitudini del vignettista (memoria interna dei lettori del "Corriere"), che già da anni raffigura il capo leghista come un cane.

L'*infografica* è usata per visualizzare e problematizzare contemporaneamente, e soprattutto per affrontare argomenti che mal si presterebbero a essere illustrati da fotografie; come osserva De Mauro (2003, pp. 121 ss.), «esibire uno schema ben fatto, un diagramma, una carta geografica, un'immagine può servire a trasmettere molti contenuti meglio, cioè con maggiore rapidità e chiarezza, di lunghi discorsi». L'analisi di Lorusso, Violi (2004, pp. 36 ss.) dell'uso di infografici nel "Corriere" e in "Repubblica" è utile ma insufficiente e viziata da un ottimismo eccessivo: i due quotidiani userebbero i grafici in modo diverso, iperinformativo il "Corriere", selettivo e più equilibrato "Repubblica". Eppure le cose non sono così rosee; come osserva acutamente Matricciani (2003, pp. 277 ss.), tradurre dati in grafici non è un'operazione semiotica banale, occorre rispettare le proporzioni numeriche per evitare le distorsioni percettive e utilizzare icone non ambigue e ben stilizzate, scegliere il formato (istogrammi, diagrammi a barre, torte, ideogrammi) e i colori più adatti; troppo spesso, invece, la grafica svolge una pura funzione estetica, di "animazione" della pagina e la scelta del modo di rappresentare i dati è frettolosa e, quindi, poco chiara. Appare ancora impacciato e immaturo, dunque, l'uso di codici non verbali nella stampa italiana e probabilmente lo stesso potrebbe dirsi anche del modesto sfruttamento da parte dei giornali in rete delle possibilità offerte dal mezzo multimediale, capace di comunicare, per via ostensiva, attività e procedure anche complesse utilizzando sequenze di immagini.

Per riassumere...

- L'aspetto della pagina di un giornale non è motivato solo da ragioni estetiche, ma esercita un forte influsso anche sulla lettura e sull'interpretazione delle informazioni. La conoscenza delle regole essenziali di impaginazione e distribuzione degli elementi testuali e grafici di un giornale aiuta a comprenderne e giudicarne le scelte.
- La scelta dei caratteri di stampa e le tecniche di titolazione condizionano l'attenzione dei lettori e costituiscono uno strumento fondamentale di accompagnamento dei testi veri e propri. I titoli, in particolare, con la loro sintassi semplificata costruiscono il percorso di lettura.
- L'uso delle immagini, criticato da alcuni studiosi perché spesso veicolo di emozioni più che di notizie, è analizzabile applicando le categorie semiotiche di Roland Barthes e studiando l'intreccio di sensi che realizza con il testo verbale e con altri elementi grafici.

3. Testi misti e testi "speciali"

Il quotidiano non ha un solo autore empirico, è piuttosto una scrittura polifonica (Lorusso, Violi, 2004, p. 59); al tempo stesso, ciascun testo – anche se opera di un unico autore – può modularsi su più registri, accogliendo al suo interno varie forme di scrittura. Infine, la suddivisione tematica, che copre un ampio spettro di campi d'interesse, fa sì che il giornale ospiti testi rappresentativi dei più disparati linguaggi "speciali": medicina, economia e finanza, arte, sport, cucina ecc.; il lettore può così entrare in contatto e familiarizzarsi con un lessico che va in profondità in senso verticale (in qualche caso provenendo anche da settori avanzati delle scienze o della tecnologia) ma anche con una gamma di varietà stilistiche molto estesa. Questo capitolo raccoglie e commenta alcuni tipi di testi giornalistici, da quelli tradizionali a quelli specialistici, cercando di indicarne le caratteristiche più interessanti sul piano della lingua.

3.1. Tipologie di articoli Secondo Rossella Savarese (1991), l'oggetto testo-giornale può essere studiato come un insieme gerarchizzato composto di tre sottoinsiemi: la prima pagina, le pagine interne e l'ultima pagina. Nella prima pagina la redazione raduna le notizie che ritiene più importanti e attraenti. Molto più capiente di altri media informativi (un intero telegiornale può dare – in breve – non più di 35 notizie), il giornale affida alla sua prima pagina il ruolo di *vetrina* dei contenuti interni; vi compaiono poi, per intero o solo nelle prime righe, le più importanti tipologie tradizionali di articoli: l'*editoriale* o (articolo di) *fondo*, un commento che esprime la posizione del giornale sul principale fatto del giorno (in passato era frequente l'accostamento tra un articolo-notizia e un articolo-commento, oggi è sempre più in uso la formula degli *scritti plurimi*, di mano diversa, che possono anche non seguire rigorosamente la linea del giornale, cfr. Rizza, 2003, pp. 174-5); il *fogliettone*, stampato a piè di pagina, che nei contenuti e nella forma si avvicina alla scrittura narrativa – il francese *feuilleton* era nell'Ottocento la parte del giornale che ospitava le varie puntate di un romanzo d'appendice – o al breve saggio critico su un

tema di costume o di cultura (esempi noti sono gli interventi del sociologo Francesco Alberoni nel "Corriere" del lunedì); il *corsivo*, un breve articolo o commento, spesso a carattere polemico, che i giornali riportano in corsivo per dargli risalto; i *trafiletti* (brevi notizie stampate, appunto, tra due filetti, cioè due righini sottili). Nelle pagine interne, la costellazione dei tipi di testo si fa più varia: inchieste, reportage, brevi di cronaca, interviste più o meno ampie; l'*elzevìro* (dal nome di una celebre famiglia di tipografi olandesi) è l'articolo principale della pagina culturale. In passato, l'ultima pagina era riservata alle inserzioni pubblicitarie; oggi è spesso invasa per intero da una grande foto pubblicitaria a colori, che da qualche tempo può essere affiancata da una colonnina con le notizie più importanti (esperimento tentato dal "Corriere" nel 2006).
Analizziamo ora un articolo nelle sue varie componenti.

3.1.1. L'attacco È il biglietto da visita dell'articolo; detto anche *cappello* o *lead*, ha il compito di spingere il lettore a proseguire nella lettura; dev'essere breve e incisivo (al massimo 40 parole), e deve contenere alcune delle informazioni essenziali, che troveranno sviluppo nei paragrafi successivi. Spesso si trova scritto che un buon attacco dovrebbe rispettare la cosiddetta "regola delle 5 W", cioè rispondere, sinteticamente, a cinque domande fondamentali: *where?*, *who?*, *what?*, *when?*, *why?* (cioè *dove?*, *chi?*, *che cosa?*, *quando?*, *perché?*); questa regola, formulata negli anni quaranta del Novecento dal sociologo Harold D. Lasswell, nasce nell'ambiente giornalistico angloamericano, dove i titoli sono spesso privi di occhielli e sommari, che l'attacco è chiamato a sostituire (Rizza, 2003, p. 159). In effetti, il modello del *lead* non è sempre l'ideale, e i manuali di giornalismo suggeriscono di farvi ricorso con parsimonia. Papuzzi (2002, pp. 123 ss.) propone quattro tipologie di attacco, che esemplifichiamo a partire da un tragico lancio d'agenzia (da Tarantini, 1998, pp. 32-3, e pp. 91 ss.):

ANSA 12 aprile 1996: Tortona. Ventunenne uccisa dal padre con un colpo di rivoltella: era anoressica. Dopo l'omicidio, l'uomo non regge al dolore e si uccide.

Vediamo le varie soluzioni nella tabella 3.

TABELLA 3
Tipologie di attacco

Enunciazione [descrittivo]	**Situazione** [narrativo]	**Dichiarazione** [dichiarativo]	**Domanda** [interrogativo]
Semplice racconto oggettivo dei fatti	Descrizione di una scena concreta	Citazione tra virgolette	Frase che trasforma il fatto in un problema, o che avvia una riflessione
Tragedia della disperazione a Tortona: spara alla figlia anoressica e poi si uccide per il dolore	Ora la gente fissa incredula il palazzo, proprio nel cuore di Tortona, e si chiede perché...	"Non voglio più vederla soffrire così". Quante volte il padre di Roberta, piccolo imprenditore, aveva espresso a parenti e amici la propria disperazione!	Cosa spinge tanti giovani nel tunnel della depressione e dell'autodistruzione?

Nei primi due casi, l'uso del tempo presente ha motivazioni diverse: rendere in modo neutro l'immediatezza oggettiva dei fatti e trascinare il lettore nel mezzo della scena (si noti anche l'avverbio temporale *ora*); nel terzo caso, alla citazione di una frase (probabilmente costruita dal giornalista) si accompagna una narrazione all'imperfetto che situa l'evento in una prospettiva narrativa; nell'ultimo esempio il giornalista cerca di attrarre il lettore fingendo di interrogarlo o di interrogarsi: naturalmente la risposta c'è già, e sappiamo che la troveremo continuando a leggere.

Il secondo tipo di attacco è in espansione dalla seconda metà degli anni settanta, quando testate innovative come "Repubblica" vivacizzano la cronaca politica anche presentandone i protagonisti colti – cinematograficamente – "in azione", o partendo da un particolare per poi allargare lo sguardo all'insieme della vicenda (esempi in Dardano, 1986, pp. 466-7).

3.1.2. Il testo Un articolo di giornale prende sempre spunto da una serie di informazioni essenziali, che il giornalista organizza in blocchi informativi per poi ordinarli secondo una sequenza che può non essere quella cronologica ma deve seguire una propria logica interna. Sotto questo aspetto, possiamo avvicinare l'articolo, specie se di cronaca, a un testo narrativo, nel quale la *fabula* è l'insieme delle informazioni fondamentali e l'*intreccio* è la sequenza con cui il narratore le dispone.
Due modi di organizzare l'intreccio tipici del linguaggio giornalistico sono la notizia *a spirale* e la notizia *ritardata*: nella forma *a spirale*, il giornalista ritorna più volte sugli argomenti fondamentali aggiungendo particolari od osservazioni nuove; è un modo per facilitare i tagli e garantire la *coesione*, termine con cui si fa riferimento al rispetto dei rapporti grammaticali (concordanza, ordine delle parole) e della connessione sintattica tra le varie parti (cfr. Serianni, 2007, pp. 23-42). Gli strumenti della coesione sono i *coesivi*, cioè pronomi, sinonimi, riformulazioni, ellissi, i *connettivi*, cioè congiunzioni e avverbi, e i *deittici*, quegli elementi linguistici che indicano gli *attori* della scena (pronomi personali, allocutivi), gli *spazi* (avverbi di luogo, pronomi e aggettivi dimostrativi), il *contesto temporale* (avverbi e aggettivi temporali).
La presentazione *ritardata* della notizia consiste nel non svelare il tema principale sin dall'inizio, ma annunciarlo un po' alla volta, in modo da creare un effetto di attesa, di suspence; Bice Mortara Garavelli (1993) parla di *ellissi cataforica del tema*: il tema, cioè, viene cancellato e anticipato al massimo da qualche pronome, per poi essere messo in scena improvvisamente, con effetto di sorpresa nel lettore (parliamo di *catafora* quando il pronome si riferisce a un nome che compare più avanti nel testo, di *anafora* quando il pronome richiama un nome già apparso in precedenza). Un esempio efficace di ellissi cataforica del tema lo traiamo dal manuale di Bruni, Raso (2002, p. 68):

Il ventenne Willie B. è un instancabile appassionato della TV. Odia il telegiornale e le interviste, ma ama il football e si eccita talmente davanti alla pubblicità degli alimentari che a volte si avventa contro lo schermo agitando un pugno. Dice un amico: «È come un bambino piccolo». *Willie B. è un gorilla* di 450 libbre dello zoo di Atlanta. A dicembre un venditore di televisori del Tennessee ha sentito della vita solitaria di Willie B., unico gorilla dello zoo di Atlanta, e gli ha regalato un televisore.

Il protagonista viene presentato con nome e cognome fin dall'inizio dell'articolo; la coesione è garantita dalla concordanza dei verbi alla prima persona singolare (*odia*, *ama*, *si eccita* ecc.); ma solo alla quarta riga scopriamo che non si tratta di un ragazzo un po' infantile, bensì di un gorilla. Un esempio reale, tratto dal "Corriere" del 10 ottobre 2004, p. 6, mostra con maggior chiarezza come questo espediente possa essere sfruttato per drammatizzare il testo:

Titoletto: La Rivincita.
Titolo: "Mi hanno tagliato una mano / Questo voto è la mia vendetta".
Sommario: Al seggio con Faruk, 29 anni, vittima dei talebani.
Dal nostro inviato
KABUL – Vota con la mano sinistra, ma non perché è mancino. La mano destra non ce l'ha più: gliela hanno tagliata i talebani. Allo stadio. Vorrebbe correre al voto, ma non può (infatti l'accompagniamo noi in auto): gli manca il piede destro. Glielo hanno tagliato i talebani. Allo stadio. Davanti a un folto pubblico. Perché accusato di essere un ladro e un possessore di armi. / «Era un martedì di agosto 1998, le 8 del mattino, tornavo da casa di mia sorella, quando mi fermò un gruppo di talebani a un posto di blocco», comincia a raccontare Faruk, 29 anni, ora padre di 5 bambini, primo di nove fratelli e una sorella, unico stipendio in casa. [...] Faruk è un bel giovane, sguardo mite, occhi castani, cappellino rotondo ricamato, leggera barba, voce bassa e monotona. Indossa la classica *shawal* (camicia) e quel giubbotto che va tanto di moda tra i giornalisti in zona di guerra.

Il protagonista dell'articolo viene presentato con molto ritardo nel testo (si noti l'efficace sequenza nominale asindetica, cioè priva di congiunzioni: «sguardo mite, occhi castani» ecc.): a evocarlo bastano i verbi (*vota*, *vorrebbe correre*, *gli manca* ecc.) e i pronomi obliqui (*l*[o]'accompagniamo, *gli*, *glielo*), che garantiscono la coesione anche tra i vari segmenti del testo («*la mano destra*... / *gliela* hanno tagliata»; «gli manca *il piede destro*. *Glielo* hanno tagliato»); di passaggio, osserviamo la sintassi frammentata tipica della prosa giornalistica brillante (cfr. PAR. 3.4).

3.1.3. Effetti sulla forma e sulla lingua Sia la struttura a spirale sia la struttura ritardata enfatizzano una tendenza crescente nella scrittura giornalistica, cioè la suddivisione delle informazioni in paragrafi, ciascuno dotato di propria autonomia tematica o semantica. Se il testo non è breve, questi paragrafi possono essere dotati di un titolo, magari in neretto o in maiuscolo; testi lunghi (un reportage, la narrazione di un evento molto articolato) possono essere preceduti da un breve indice degli argomenti. Sta progressivamente scomparendo la distinzione tradizionale tra *capoverso* e *paragrafo*: il capoverso è la porzione di testo (di circa 15-20 righe) compresa tra due accapo e chiusa da una pausa forte, e serve a segnalare un movimento del pensiero, una «svolta o una variazione nel dinamismo comunicativo» (Mortara Garavelli, 2003, p. 114), a indicare che si sta passando a un nuovo argomento, che si vuole aggiungere un'informazione nuova o scegliere un punto di vista diverso. Il modello tipografico angloamericano (l'inglese *paragraph* significa tanto "paragrafo" quanto "capoverso") e la pressione della scrittura sul computer (in informatica un paragrafo è ogni parte di testo separata da due comandi di *invio*) portano a sostituire il modello italiano ed europeo del *rientro* di cinque-sette battute per segnare l'inizio del capoverso successivo dopo l'accapo, con il modello dei blocchi separati da uno spazio (detti anche, per l'appunto, *blocchi inglesi* e favoriti – nella scrittura digitale – dal «linguaggio html, che marca automaticamente il confine fra l'uno e l'altro con un rigo vuoto»; cfr. Antonelli, 2007, p. 109). La suddivisione del testo in blocchi risponde a esigenze di pulizia e di ordine visivo, iconico, piuttosto che testuale: la consistenza di questi blocchi «non sembra infatti determinata da motivazioni testuali e di unità semantica dei paragrafi» (Bonomi, 2002, p. 270 e nota; cfr. anche Raso, 2005, pp. 63 ss.) quanto piuttosto dalla necessità di dare respiro e omogeneità alla pagina, suddividendola con maggiore equilibrio.

Tuttavia, questa struttura facilita l'identificazione tra i segmenti di un testo e le unità tematiche, evitando la necessità di collegamento tra queste. Quali sono le conseguenze sulla *coesione*? La frammentazione del testo in periodi monoproposizionali (una sola frase semplice, spesso una frase nominale; paratassi – cioè periodi coordinati tra loro – rispetto a ipotassi – cioè gerarchia di periodi subordinati) sposta la responsabilità della coesione sulla *continuità tematica*, cioè sui modi in cui il tema o i temi del testo sono ripresi a mano a mano che si procede nella lettura. Il tema può essere richiamato tramite la ripetizione vera e propria, la sostituzione con un pronome, un *sinonimo*, un *iperonimo*, cioè una parola di significato più generale, che comprende quella sostituita (come *animale* per *gatto*), ma anche un *antonimo*, cioè un termine di significato opposto, o più vocaboli in relazione semantica tra loro. Più spesso, tuttavia, il collegamento avviene per *ellissi* (per esempio *Anna ha preso l'ombrello e* [Anna] *è uscita*); quest'ultima soluzione, quasi obbligata se a brevissima distanza dal tema, è negativa sul piano testuale e informativo se può suscitare ambiguità. Le soluzioni devono essere equilibrate, a metà tra i poli opposti dell'eccesso di coesivi (una sorta di iperparlato) e dell'ellissi prolungata che lascia incerti sul riconoscimento del tema. Prendiamo un articolo di cronaca tratto dalla "Stampa" del 5 dicembre 2006, p. 25 (i riferimenti a nomi di luogo o persona sono stati cambiati):

Occhiello: L'ex fidanzato diffonde le immagini con il telefonino.
Titolo: Le sue foto sexy in tutta la scuola / Cerca di uccidersi a sedici anni.
Sommario: Da settimane i compagni la guardavano in modo strano.

Già nell'apparato dei titoli notiamo che il soggetto è cancellato, sostituito da un'ellissi nell'occhiello e nella seconda frase del titolo dall'aggettivo possessivo (*sue*) e dal pronome clitico nel sommario (*la*, unico segnale di genere). Andiamo avanti:

Ha provato a suicidarsi per la vergogna una ragazza di 16 anni di Poggibonsi [...], dopo aver visto sui telefonini degli amici le immagini che la ritraevano in situazioni osé. / L'autore delle foto che ha [*sic*: hanno] spinto la giovane a tagliarsi le vene è l'ex fidanzato: nei bagni di una discoteca vicino a Siena, un mese fa, ha azionato il cellulare riprendendo la sedicenne. Poi, per vantarsi con gli amici, ha trasmesso le immagini ad altri apparecchi. / Lei negli ultimi giorni si sentiva oggetto di un'attenzione particolare, a scuola e fra gli amici. Quando ha cercato di capire si è trovata di fronte quelle foto e si è sentita stravolgere dalla vergogna. In casa ha impugnato un coltello e si è ferita al polso, senza affondare troppo la lama. Ha avvertito un'amica e questa lo ha detto subito ai genitori, attivando i soccorsi. / Ora la ragazza è in ospedale. [...] / La sedicenne frequenta la seconda all'istituto Spallanzani, dove la storia delle immagini piccanti girava da settimane a sua insaputa [...]. L'indagine è condotta dai carabinieri, hanno parlato con la giovane e i genitori che per ora non hanno sporto denuncia. [...] / I motivi che hanno spinto il giovane a esporre la fidanzata in pose particolari? Una vendetta per essere stato lasciato. [...] / I genitori della vittima hanno avuto un colloquio col preside, ha assicurato l'impegno suo e del personale dell'istituto per non lasciare sola la ragazza [...]. / Quanto ai compagni della studentessa, i commenti confermano che la vicenda era sulle bocche di tutti già da alcune settimane. «Una storia che conoscevamo, qualcuno le ha anche viste quelle foto, è un mese che girano. Adesso però bisogna pensare alla nostra amica».

Sin dall'attacco, la ripresa del tema (*una ragazza di 16 anni*) con il pronome (*la*) rende inutile, e anzi ambigua, un'eventuale ripetizione (*la ragazza*, *la sedicenne*, *Sonia* ecc.). Viceversa, l'uso di un pronome soggetto forte (*Lei*, ma poteva andar bene anche un sinonimo, *la ragazza*) è indispensabile per recuperare il tema dopo lo spostamento dell'attenzione sull'autore delle foto. Gli elementi essenziali della notizia (comprese le classiche "5 W") sono tutti nelle prime cinque righe. Il cronista, seguendo la tecnica a spirale, li riprende nel secondo capoverso (segnato qui dalla barra obliqua /), aggiungendo qualche particolare, ma mantenendo i legami tra le varie parti attraverso i coesivi (*quelle foto*); la continuità tematica è garantita da una rete di sinonimi che cerca, senza grandi sforzi di fantasia, la variazione (*la ragazza*, *la sedicenne*, *la giovane*; si vedano anche le formule usate per riferirsi alle fotografie: *immagini ... in situazioni osé*, *quelle foto*, *immagini piccanti*, *pose particolari*). Il lessico è stereotipico e banale (*azionare il cellulare*, *attivando i soccorsi*, *sporto denuncia*, *sulle bocche di tutti*) con qualche concessione al parlato quotidiano (*girava da settimane*, *si è sentita stravolgere dalla vergogna*, forse per confusione con *travolgere* ma probabilmente anche influenzato da *stravolto* "disperato, sconvolto"). Nella sintassi, piuttosto piana, osserviamo due casi di coordinazione a senso, ottenuta attraverso la virgola: «L'indagine è condotta <u>dai carabinieri, hanno parlato</u> con le giovani» e «I genitori della vittima hanno avuto un colloquio *col preside*, *ha assicurato* l'impegno suo». A meno che non si tratti di un banale salto del pronome relativo («col preside, *che* ha assicurato»), sembra di poter cogliere un tratto sintattico in aumento nella scrittura poco sorvegliata, dove «la coordinazione, in espansione, assume talvolta forme anticonvenzionali, nella direzione di un allentamento delle abitudini, se non delle regole, costruttive» (Bonomi, 2002, p. 52).

In direzione opposta sembra andare la tendenza all'aumento dei collegamenti testuali affidati ai connettivi; spesso con separazioni forti, addirittura a spezzare due segmenti di una stessa frase semplice. L'effetto di questa tendenza è una netta contrazione dei periodi, più evidente nei testi di natura informativa – ridotti a frammenti anche di solo quattro o cinque parole – che in quelli argomentativi (si tenga conto del fatto che la media di parole per periodo nella scrittura giornalistica è di 20-25, e che in ciascun periodo ci sono circa 2-3 proposizioni). Alla riduzione in lunghezza corrisponde una maggiore densità, specialmente di elementi nominali o di forme verbali implicite (come participi e gerundi).

La contrazione dei periodi va di pari passo con la strutturazione delle informazioni per blocchi, che abbiamo già segnalato: Giuseppe Antonelli (2007, p. 109) nota che quanto più «le paratie tra i periodi si assottigliano», tanto più «si ispessiscono quelle tra i capoversi»; la compattezza tematica di ogni singolo blocco tende a interrompere la continuità del testo, incoraggiando chi scrive a cominciare ogni nuovo paragrafo con un nuovo "attacco" privo di connettivi che lo leghino al precedente. La successione dei periodi appare così poco sequenziale, orientata alla giustapposizione, che presenta i fatti senza evidenziarne i rapporti logici; la coordinazione è preferita alla subordinazione, secondo moduli tipici del parlato.

Le forme di quella che Bice Mortara Garavelli (2003, p. 62) ha suggestivamente definito "triturazione sintattica" sono varie: successione di frasi semplici complete oppure di frasi coordinate separate dal punto fermo, così che le frasi cominciano con *E... Ma...* (quest'ultima congiunzione in funzione più *limitativa*, di raccordo, che *avversativa*); aumento d'uso delle cosiddette "congiunzioni testuali", e soprattutto dell'"*E* giornalistico di avvio"; subordinate separate dalla propria reggente; spezzoni di frase, sintagmi singoli o singole parole tra due punti fermi (cfr. gli esempi nel PAR. 3.4).

3.2. Le sezioni tematiche del giornale In vari momenti della sua storia, la stampa italiana ha allargato l'attenzione dai temi di politica e di cronaca, che in origine dominavano, ad altri argomenti, riservando loro pagine tematiche: la cultura nella terza pagina (dal 1901), lo sport nel numero del lunedì (dagli anni venti e trenta) e poi, un po' alla volta, rubriche periodiche di moda e costume, pagine dedicate agli spettacoli, ai ragazzi, all'umorismo. Gli esperimenti più innovativi del giornalismo del secondo dopoguerra (su tutti quello del "Giorno") hanno accentuato la suddivisione per temi che è culminata, negli anni settanta, con la cosiddetta *settimanalizzazione*. Le varie sezioni, in anni recenti segnalate anche con espedienti iconici (per esempio banconote e monete stilizzate per l'economia), si snodano in sequenze che ogni testata consolida nel tempo abituando i propri lettori (cfr. PAR. 2.1), e consentendo loro di orientarsi più rapidamente. Se chi si sofferma sulle pagine di cinema si aspetta di trovare un certo lessico settoriale e una cifra stilistica brillante, adatta all'intrattenimento, è sempre più frequente imbattersi, nelle pagine specializzate e nei supplementi dei grandi quotidiani, nei cosiddetti *testi misti*; testi, cioè, in cui i tratti formali delle tipologie tradizionali di articoli si fondono in «tipi ibridi, caratterizzati da nuove finalità e strutture» (Dardano *et al.*, 1992, p. 323). La mescolanza non investe solo lessico e traslati, ma coinvolge anche gli stili, i registri e talora i modelli di costruzione del testo. La causa di questo fenomeno risiede probabilmente nella confusione dei modelli di comunicazione che caratterizza la lingua dei media contemporanea; l'obiettivo primario può essere quello di «rendere una materia o un argomento più appetibile al grande pubblico» (ivi, p. 346), ma certamente si vuole alleggerire il dettato con inserti brillanti per evitare che il lettore si annoi o si distragga: la difficoltà di concentrazione è così blandita con i mezzi della spettacolarizzazione e della vivacizzazione. Analizzando gli articoli dedicati da "Corriere" e "Repubblica" alla prima guerra del Golfo nel febbraio 1991 (prototipo di un genere che è purtroppo diventato familiare ai lettori occidentali), Dardano e collaboratori (ivi, pp. 333-8) vi trovano affiancati termini specifici della tecnologia militare, gergalismi, ma anche espedienti divulgativi (spiegazioni perifrastiche, traduzioni, glosse) e perfino elementi di animazione come stralci di stile nominale e traslati.

Nelle pagine tematiche il lettore potrà dunque trovare una costellazione di testi: alcuni caratterizzati da un tasso anche alto di specializzazione, ma molti "misti" anche sul piano *diafasico* (cioè di registro) e *diamesico* (cioè di canale, che per esempio combinano il codice verbale con quello iconico). L'impatto dei tecnicismi specialistici sarà così attenuato da strategie di "domesticazione" (Dardano, 2002, che riprende la *domestification* di Allan Bell; De Mauro, 2003, p. 116, preferisce "casalinghizzazione"): «riquadri espositivi, giustapposizione della notizia al commento dell'esperto, glosse» e così via (Dardano, 1986, pp. 454-6).

3.2.1. L'economia Nel 1865 l'industriale laniero vicentino Alessandro Rossi fonda a Milano il "Sole", primo quotidiano economico italiano, unitosi nel 1968 al più giovane "24 ore" per dar vita alla testata attuale, che con le oltre 400.000 copie vendute al giorno è, dalla fine degli anni novanta, il quotidiano economico più venduto in Europa (cfr. Poggiali, 2000, p. 119; Murialdi, 2000, p. 61). Legato alla Confindustria, "Il Sole 24 Ore" detiene un quasi monopolio dell'informazione economica nel nostro paese e si è progressivamente affermato anche come influente organo di pressione politica.

L'espansione dell'economia nella stampa italiana è un fenomeno recente, cominciato a metà degli anni settanta e completatosi nei due decenni successivi (nel 1985 "Il Sole 24 Ore" tirava già oltre 200.000 copie, cfr. Poggiali, 2004, pp. 5-6; Fiori, 2002, p. 523). Anche se quasi il 40% dei giornali economici è acquistato per abbonamento, lo spazio dedicato all'economia, con pagine interne e supplementi periodici nei quotidiani maggiori, sembra comunque sproporzionato rispetto al ruolo dell'Italia nel mercato internazionale e soprattutto rispetto al livello di alfabetizzazione economica generale. Non è un caso che le pagine finanziarie siano quelle con il più basso indice di leggibilità (Dardano, 1998, p. 69). Seguendo le indicazioni di Dardano (1998, con integrazioni da Poggiali, 2000 e 2004, e cfr. anche Dardano, 1986, pp. 222-31), segnaliamo alcuni tratti distintivi di questa sezione tematica del quotidiano. Significativa è la varietà di tipi testuali: in un *continuum* tra i due poli costituiti dal testo scritto e dagli iconismi appena corredati di didascalie, l'articolo che affronta il tema principale può essere circondato da tabelle, elenchi commentati, «costellazioni di brevi pezzi di commento». Analizzando i notiziari di Borsa di fine anni novanta, Dardano (1998, pp. 76-8) osserva la "messa in scena" ottenuta mediante l'intonazione parlata (legata da connettivi come *dunque*, *ecco*, *si sa*, *così*), ancora quasi assente negli articoli di economia degli anni settanta. Un quotidiano specializzato come

"Il Sole 24 Ore" dà largo spazio alle tabelle e ai grafici (sulla leggibilità di questi strumenti, cfr. Matricciani, 2003, pp. 260 ss.), e nel lessico tecnico è più specializzato rispetto alle pagine economiche dei quotidiani generalisti. Nei titoli domina la sequenza tema-rema, ma rispetto ad altri giornali sono più frequenti quelli composti da una frase verbale, magari con il verbo in prima posizione, e soprattutto vi compare sempre una parola chiave per guidare il lettore al tema (per esempio dalle pagine interne, dedicate a *economia e impresa/Lavoro e carriere*, dell'8 gennaio 2007: *Master all'estero di alta qualità*; *L'assicuratore diventa manager*, *Prova d'idoneità all'ISVAP*, *La carriera parte dal call center*); significativo anche il fatto che "Il Sole 24 Ore" non presenti, di regola, articoli di commento in prima pagina, distinguendosi così da "Corriere", "Repubblica" e "Stampa", dove regna la confusione tra commento e informazione. Nei testi, il grosso dell'apparato metaforico si raccoglie intorno a immagini di movimento, in genere dall'alto verso il basso o viceversa, con poche varianti (*caduta/crescita*, *salita/discesa*, *su/giù*, *corsa* e *frenata*, *spirale*, *oscillazione*), una cui specificazione è la metafora del denaro come liquido (*flussi*, *fluidità bancaria*, *onda inflazionistica*, *linea di guardia*, *stagnazione* ecc.); non mancano poi i traslati guerreschi e sportivi (dal calcio ma anche dall'alpinismo: *scalata*, *cordata*), i prelievi dal lessico della bellezza (*cosmesi*, *lifting*) o della cucina (*salse*, *piatti forti*, *spezzatino*); notiamo inoltre le rideterminazioni in senso tecnico di termini comuni (*paniere*, *portafoglio*, *titolo*, *sportello*, *giardinetto* "insieme di titoli posseduti da un risparmiatore") anche attraverso il meccanismo dell'alterazione (*borsa* > *borsino*, *mercato ridotto* > *mercatino* ecc.), gli anglicismi con forte effetto di prestigio (*trend*, *capital gains*, *spread*, *golden share* ecc.) e il grande dispiego di sigle, non sempre sciolte o commentate, di cifre e di simboli matematici (percentuali, indici di rialzo e ribasso ecc.). Tra gli stereotipi si segnalano le «espressioni valutative formate da un sostantivo e da un aggettivo» (Dardano, 1998, pp. 76-7), come *ampio movimento*, *brillante comportamento*, *scambi modesti* ecc. Nell'uso degli anglicismi, osserviamo una differenza tra un quotidiano specializzato come "Il Sole 24 Ore" e le pagine di economia di un quotidiano nazionale: in funzione di prestigio, il "Sole" li utilizza con parsimonia nei titoli (*Per la famiglia un budget 2007 low cost* nella prima pagina dell'inserto *Affari privati* dell'8 gennaio 2007), più largamente, ma in funzione tecnica, all'interno dei testi. Gli articoli

economici e finanziari di "Corriere" e "Repubblica", invece, sono più inclini a un uso ammiccante e snobistico dell'anglicismo, delle sigle e della titolazione a effetto. Entrambi hanno rubriche fisse con titoli inglesi: *Focus* ("Corriere"), *breakingviews.com* ("Repubblica"); la pagina 29 del "Corriere" del 28 marzo 2007 ha due titoli dialoganti – cfr. PAR. 2.2 – (*Telecom, arrivano Cao e Cingolani – E il "cane a sei zampe" si allea con Petrobras*) e uno tutto nominale, con tre sigle e un anglicismo (*OPA ENEL su Endesa: il freno dell'authority*); le pagine 24 e 25 del 17 febbraio 2007 presentano due titoli con punteggiatura marcata (*Allianz, sfida alle Generali. A Trieste – Popolari, riparte la riforma. Bipartisan*).
Nei testi, la complessità sintattica è molto maggiore che in altri generi della lingua dei giornali. Alta è la percentuale di periodi lunghi e abbastanza profonda la subordinazione. Il lessico e le cifre contribuiscono a rendere difficile il dettato. Vediamo due esempi, tratti dalla pagina 19, *Economia e imprese*, del "Sole 24 Ore" del 28 dicembre 2006:

Occhiello: Il taglio di 3,5 miliardi è legato all'eccesso di liquidità.
Titolo: La SACE riduce il capitale.
La riduzione del capitale sociale di 3,5 miliardi di euro della SACE è servita a trasferire al Tesoro l'eccesso di liquidità generato dal miglioramento della qualità del portafoglio crediti e dai maxi-rimborsi avvenuti nel corso del 2006 da parte di Algeria, Russia e Nigeria e altri Paesi che hanno ripagato i debiti al valore nominale. [...] La liquidità "in eccesso" è lievitata quest'anno in virtù di rimborsi alla pari (a 100) per svariati miliardi di euro da parte di Paesi che sono divenuti molto liquidi e hanno potuto disporre di disponibilità finanziarie superiori rispetto al passato.

La frase d'attacco è lunga ben 55 parole; un solo periodo, spezzato da una sola virgola interna (nell'elenco), con una principale («La riduzione del capitale [...] è servita», con ripresa nominale del verbo usato nel titolo) che regge una finale implicita (*a trasferire*, subordinata di primo grado) la quale a sua volta regge tre relative, le prime due implicite e coordinate tra loro (*generato*... e *avvenuti*... che realizzano il secondo grado di subordinazione), la terza esplicita (*che hanno ripagato*, subordinata di terzo grado). La complessità è accentuata dall'accumulo di complementi, non sempre ben distribuiti («La riduzione del capitale [...] di 3,5 miliardi [...] della SACE» potrebbe essere ambigua: i

3,5 miliardi sono la quota tagliata o l'intero capitale?), secondo una tendenza abbastanza diffusa nei primi decenni del Novecento, ma ormai piuttosto rara nella scrittura giornalistica fatte salve, appunto, le pagine di economia (Bonomi, 2002, p. 47 e nota). La seconda frase dell'esempio è più breve e meno pesante sintatticamente, ma comunque raggiunge le 40 parole, sempre in un'unica proposizione resa molto faticosa dall'assenza di segni d'interpunzione. Il tasso di tecnicismi non è eccessivo, ma, a parte l'insistenza sulla *liquidità* (notare «Paesi [...] molto liquidi»), si evidenziano il composto giustappositivo *portafoglio crediti*, i tecnicismi borsistici *valore nominale* e *rimborsi alla pari* e un accenno di stile brillante nell'uso del prefissoide *maxi* (*maxi-rimborsi*), mentre un po' sciatta e grigia è la sequenza «disporre di disponibilità».
Molto più brillante lo stile di un commento alla giornata borsistica nella "Repubblica" del 4 maggio 2007, a pagina 81. Già il titolo è metaforico e oscuro per il lettore inesperto: *La chiusura di Dillon Read provoca scossoni in* UBS. In effetti, questo titolo vale solo per il primo dei due pezzi, che si rivelano due traduzioni di altrettanti commenti, uno inglese e uno francese, a dispetto della firma di Hugo Dixon (cui va dunque attribuita solo la scelta del materiale, neppure la traduzione, curata da un'agenzia privata). Ma vediamo l'attacco del primo notiziario:

> Di chi è la colpa della frettolosa chiusura di Dillon Read Asset Management, l'hedge fund interno creato con grandi fanfare da UBS nel 2005 per eseguire le operazioni a breve termine della banca insieme a quelle della clientela? Nonostante la nomina a responsabile dell'ex capo della divisione di investment banking John Costas [...], UBS ci ha rimesso ben 300 milioni di dollari. Cosa c'è all'origine di un simile disastro? A decretare la fine di DRCM non sono stati i mediocri investimenti [...] bensì l'imprevista (almeno per UBS) complessità burocratica e normativa [...]. Le inversioni di marcia sono sempre indigeste, soprattutto se è fondato il sospetto che siano la conseguenza di programmazioni alla carlona e di realizzazioni raffazzonate. Lo scivolone con DRCM inoltre è accaduto proprio quando sul gruppo dirigente di UBS piovono critiche perché la divisione reddito fisso va meno bene del previsto [...].

Osserviamo le interrogative didascaliche, che danno al testo un tono colloquiale, e soprattutto l'alto tasso di formule figurate (*grandi fanfa-*

re, inversioni di marcia indigeste, scivolone, piovono critiche), di lessico espressivo, attinto dalla lingua parlata (*ci ha rimesso ben 300 milioni, programmazioni alla carlona* e *realizzazioni raffazzonate*), di coloritura enfatica (*frettolosa, disastro, mediocre*). Relativamente pochi i tecnicismi (*operazioni a breve termine, divisione reddito fisso*), con un piccolo manipolo di anglicismi non banali e di sigle (*hedge fund, investment banking, DRCM* – sciolta solo in apertura – e *UBS*).

3.2.2. Lo sport Insieme ai quotidiani a diffusione locale, in Italia i giornali sportivi sono forse «i veri giornali popolari che abbondano in altri paesi e di cui noi lamentiamo ogni tanto la mancanza» (Valentini, 2000, p. 74). Lo sport, e in particolare il calcio, è nel nostro paese un fenomeno di costume di significativa rilevanza sociale, e il suo linguaggio, che si può definire un linguaggio settoriale "debole" (non dotato, cioè, di una compatta terminologia tecnica e di caratteri sintattici e testuali specifici), ha un ruolo importante nella costruzione del bagaglio linguistico di una fetta considerevole della popolazione, prevalentemente – ma non solo – maschile e dove le differenze di classe e ideologia sono annullate.
Le cronache sportive, scritte e trasmesse (un tempo via radio, oggi dalla televisione), configurano un tipo testuale ben caratterizzato e dal profilo piuttosto coerente nel tempo. Prendiamo per esempio i commenti pubblicati nella "Gazzetta dello Sport" (il giornale sportivo più venduto in Italia) all'indomani della vittoria italiana ai campionati mondiali di calcio 2006, seguendo le indicazioni di Giovanardi (2006, specialmente il commento all'analoga vittoria del 1982, pp. 254-6). Per prima cosa, l'impaginazione: la cronaca dettagliata dell'incontro è affidata ad Alberto Cerruti, il cui articolo, a pagina 5, è sovrastato da una sequenza di foto che documentano alcune fasi di gioco e soprattutto i festeggiamenti (così come per l'impaginazione *a schermo*, si avverte il condizionamento del modello televisivo, cfr. PAR. 2.1) ed è affiancato da una grande immagine dell'esultanza dei giocatori; completano la pagina un'analisi degli episodi dubbi (intitolata *La moviola*, dallo strumento usato per rivedere le immagini al rallentatore), da grafici che illustrano visivamente le statistiche della partita (*possesso palla, vantaggio territoriale, tiri in porta, falli commessi*) e dal *tabellino* che ne riassume i dati

essenziali in forma schematica. Quest'insieme di informazioni, come nota Ormezzano (2002, p. 404), rende quasi superflua la lettura dell'articolo: «Possono bastare il titolo, il sommario e l'annesso tabellino cronologico e statistico. E non solo: molto spesso l'articolo è un'intervista, dove appunto abbondano le parole dell'intervistato, magari sentito anche alla radio, visto e sentito anche alla televisione». Il titolo ha una prevedibile struttura binaria: *Undici metri di gloria: è la quarta Coppa*; notiamo subito la facile iperbole (*gloria*) e la metonimia *undici metri* per "calci di rigore". Il sommario riassume la partita in tre proposizioni per un totale di 33 parole. Nella colonna iniziale di testo, dopo aver descritto la gioia per il successo insperato («Sembra un sogno e invece è tutto vero») e ricordato il percorso che ha portato l'Italia alla finale, Cerruti apre così la cronaca dell'incontro:

Erede Giù il cappello allora di fronte a questa Italia degna erede di quella del 1982, perché formata da un gruppo di uomini veri e uniti, guidati da uno straordinario condottiero come Lippi [...].

Il capoverso si apre con un titoletto che anticipa in estrema sintesi il tema (l'Italia del 2006 *erede* di quella che nel 1982 era stata portata alla vittoria da Enzo Bearzot) e propone subito due stereotipi del linguaggio sportivo, la metafora guerresca (l'allenatore Marcello Lippi come un *condottiero*) e il richiamo alla forza virile dei giocatori (*uomini veri*). Proseguendo nel descrivere le fasi della partita (che si snodano secondo poche sequenze piuttosto prevedibili), Cerruti definisce *risveglio* la risposta italiana al gol segnato dalla Francia già al sesto minuto di gioco:

Nel momento più difficile, gli azzurri raggiungono il meritato pareggio con Materazzi che salta più in alto di Vieira, sfruttando l'angolo battuto da Pirlo. Passata la grande paura, l'Italia aspetta invano il risveglio di Totti, ma anche senza il suo talento più atteso gli azzurri si mostrano superiori e al 36' soltanto la traversa nega il gol a Toni pronto alla deviazione di testa. Zidane si muove poco, ma è svelto a far decollare Henry e Malouda, molto più insidiosi del temuto Ribery. [...] L'uscita dell'acciaccato Vieira, rilevato da Diarra, non spegne la nuova miccia della Francia, che sembra sul punto di far saltare il fortino azzurro. [...] E allora Lippi al 16' si decide a togliere l'inutile Totti e l'appannato Perrotta [...]. Come nel '94, il mondiale si assegna ai rigori. Ma stavolta vince l'Italia e sotto il cielo di Berlino tutti cantano felici l'inno di Mameli.

Commentiamo anche qui rapidamente, avvalendoci del confronto con altre due cronache, quella della prima vittoria mondiale dell'Italia, conquistata a Roma il 10 giugno 1934 contro la Cecoslovacchia, e quella del 1982, analizzata da Giovanardi. E cominciamo dalla conclusione: l'accenno di Cerruti all'inno di Mameli ci dà il polso della valenza identitaria del calcio in Italia; non a caso, il titolo della cronaca di Giorgio Tosatti nel "Corriere dello Sport" del 1982 era *Oggi è bello essere italiani*. Il tasso retorico dell'articolo del 2006 è inferiore a quello delle due cronache più antiche (accentuato, nel 1934, dal nazionalismo fascista), ma non cambia molto la scelta delle immagini: i vincitori del 1934 sono "soldati dello Sport", la "comune" partita si trasforma in una "tenzone guerresca". Una situazione analoga a quella del 2006 (vantaggio iniziale dei cecoslovacchi, pareggio italiano) è così descritta:

Ed ecco il miracolo. La squadra italiana che fin qui ha tergiversato in un gioco incolore, repentinamente brucia. [...] [*la partita*] Acquista il calore, il palpito, l'accento di una sfida tra uomini.

A parte l'enfasi più marcata, notiamo la vicinanza nella descrizione di una fase non entusiasmante del gioco italiano («gioco incolore» / «l'Italia aspetta invano il risveglio di Totti») e l'accenno alla «sfida tra uomini», che torna a distanza di oltre settant'anni. Nel lungo articolo di cronaca, firmato da Ennio Viero e molto più dettagliato di quello di Cerruti, i momenti chiave dell'incontro sono distinti in sezioni corredate di un titoletto riassuntivo, spesso in stile nominale (*Parità di azioni*, *Inizio veloce*, *I boemi in vantaggio*, *La vittoria italiana*); il capoverso conclusivo si intitola, con un'iperbole poco dissimile da quella usata da Cerruti, *L'apoteosi*. L'aggettivazione è già cristallizzata: *gioco uniforme* o *emozionante*, *tiro violento e insidioso* (1934), *meritato pareggio*, *intervento scomposto*, *indiscutibile rigore* (2006). Semmai saranno da notare, nel testo più vicino a noi, gli aggettivi espressivi e brillanti messi a precedere i nomi dei giocatori (*l'appannato Perrotta*, *l'acciaccato Vieira*) a mo' di giudizio da pagella finale. La sintassi della cronaca del 1934, come notava Giacomo Devoto in un pionieristico studio (Devoto, 1939), è già "veloce", spesso nominale e composta di periodi brevi e secchi («Mancano venti minuti al fischio dell'epilogo. È come se una mazzata abbia percosso gli azzurri. Venti minuti, e la squadra boema non si raggomitola in difesa»); anzi: gli articoli più recenti (1982 e 2006) sono sintatticamente più complessi e la semplificazione colpisce semmai l'apparato dei titoli, molto spesso dialoganti o brachilogici (cfr. PAR. 2.2): *Felicità Italia*, *riscossa Juve*, *Ultimatum Zidane* ecc., in cui la giustapposizione, contraendo la frase, fa sfumare le relazioni sintattiche tra i vari elementi (cfr. Dardano, 2002, p. 267; De Benedetti, 2004, pp. 58-60); una titolazione cubitale e allusiva che, «in una sorta di continua strizzatina d'occhio al lettore» appassionato (Ormezzano, 2002, p. 405), affida al co-testo (verbale e iconico) il compito di sciogliere le eventuali ambiguità.

L'insieme di questi strumenti, in espansione dagli anni ottanta in poi, è messo in moto anche per mantenere alto l'interesse dei lettori e per nascondere la povertà di contenuti che caratterizza la stampa sportiva nei giorni in cui non si gioca.

Anche lo strumentario retorico non mostra segni d'innovazione (si veda, nell'articolo del 2006, l'immagine della miccia sul punto di far saltare il fortino azzurro). Confrontando i testi del 1934 con quelli del 2006 si conferma la riduzione nel numero degli anglicismi (per fare un solo esempio, a *corner* corrisponde *angolo*, cfr. Giovanardi, 2006, pp. 245-6), in contrasto con la tendenza generale, osservata negli articoli di economia; rispetto al passato, si riducono i prefissati e suffissati elativi (con *super-* o con *-issimo/-issima*) mentre aumentano i composti giustappositivi (*uomo partita*, *episodio chiave*, *goal beffa* ecc.) e i soprannomi e gli appellativi antonomastici riferiti agli atleti (per esempio *il fenomeno* detto dell'attaccante brasiliano Ronaldo, cfr. ivi, p. 250). Sono semmai in aumento i testi misti in cui il cronista deve introdurre, oltre ai dati squisitamente tecnici, informazioni di natura economica e, dopo il susseguirsi ormai abituale di scandali, anche giudiziaria e medica; aiutato, tuttavia, dal computer, che gli ha «tolto tanti problemi di archivio» e che ha ridato alla scrittura uno spazio che negli altri media le era stato sottratto dalla forza delle immagini (cfr. Ormezzano, 2002, pp. 414-7).

3.3. Forme brevi e forme espanse È stato scritto che la nostra epoca è l'epoca delle "forme brevi" di comunicazione. Isabella Pezzini (2002, pp. 17-8) osserva che il messaggio breve si adatta perfettamente al nuovo contesto di produzione e ricezione della comunicazione digitale. Poche parole, una fotografia, una clip audiovisiva (magari rimodellata o addirittura deformata rispetto all'originale) si inseriscono in un co-testo multimediale che ne condiziona l'interpretazione, attraverso le associazioni con gli altri messaggi compresenti o recuperabili in profondità grazie alla struttura ipertestuale. Sono alcuni dei tratti che Raffaele Simone (2001; cfr. PAR. 5.2) attribuisce, appunto, ai "paradigmi" digitale e multimediale: il testo *deve* essere breve perché la ricezione è rapidissima, ma *può* essere breve grazie alla compresenza di altri elementi e alla possibilità di approfondire. D'altra parte, «La tendenza alla miniaturizzazione degli articoli risponde alle esigenze di un pubblico sempre meno allenato alla lettura e comunque abituato a un consumo di notizie "mordi e fuggi". Per i quotidiani tradizionali questo "giornale in pillole", sorta di "giornale parallelo" (Bonomi) è soltanto uno dei possibili livelli di lettura», l'unico per la stampa gratuita (Antonelli, 2007, p. 97).
Come ha notato tra i primi Alessio Petralli (2004), i modelli di suddivisione dello spazio informativo rimbalzano da un medium all'altro; così la *gabbia* del quotidiano a stampa è riproposta nelle schermate dei giornali in rete, dei telegiornali (il *serpentone* scorrevole del TG2) o degli spazi "all news" (la finestra verticale scorrevole di RaiNews24). Da parte sua, il quotidiano accoglie forme di scrittura sintetiche vicine ai *microcontenuti* della rete (cfr. PAR. 5.2), e caratterizzate dalla posizione del tema «in esponente, che serve a circoscrivere l'àmbito della notizia» nella maggior parte dei casi rispondendo alle classiche domande circa il *dove* e il *chi* («Roma: nuovi sviluppi dell'inchiesta Telecom»; «Prodi: lascio nel 2011»), più raramente sintetizzando un complemento di argomento («Conti pubblici. Sale al 3,6% il rapporto deficit-PIL nel 2006») (cfr. Antonelli, 2007, pp. 106-7).
Inoltre, il prevalere del commento sulla descrizione dei fatti ha fatto sì che questa si sia spostata in riquadri (o *box*) – intitolati *Il punto*, *La situazione* ecc. – che in poche righe sintetizzano l'essenziale che il lettore deve sapere per capire i commenti.

3.3.1. Il corsivo È una delle forme brevi più classiche, che ha conosciuto un forte incremento dalla seconda metà degli anni settanta: costruito intorno a un solo argomento, può permettersi di condensare in poche frasi temi molto complessi ricorrendo ad allusioni a fatti e concetti ben noti al lettore. La lingua è brillante (neologismi, modi di dire, giochi di parole) e il taglio polemico consente all'autore di essere pungente fino all'irriverenza. Celebri, in passato, i corsivi di Mario Melloni (*Fortebraccio*) sull'"Unità" o, ancora, il *Controcorrente* di Indro Montanelli sulle pagine del "Giornale Nuovo" e il *Francobollo* di Andrea Barbato per "L'Indipendente" diretto da Arrigo Levi. Più di recente hanno coltivato l'arte del corsivo, con risultati apprezzabili, Michele Serra e Massimo Gramellini. Di quest'ultimo, proponiamo un *Buongiorno* del 13 maggio 2004, interessante per molti aspetti:

Contro le immagini Mi dissocio dal convincimento diffuso che mostrare immagini di violenza sia giusto o addirittura necessario per accrescere la consapevolezza dei cittadini. Le foto delle torture e dell'ostaggio sgozzato contengono un inganno. Dicono a chi le guarda: siamo documenti autentici che ti permettono di formarti un'opinione sui fatti. Ma mentono, perché a diffonderle nel tritacarne mediatico è stato e sarà sempre un potere di parte, interessato a produrre certi effetti (le dimissioni di un ministro, la sollevazione di una massa). Quindi l'immagine non libera lo spettatore, lo usa. Ma c'è un'altra ragione ancora più importante che mi spinge a diffidarne. A differenza di un testo scritto, l'immagine di un orrore non stimola la riflessione, ma solo un'emozione momentanea e prevedibile, che si limita a ribadire ciò che sappiamo già: in questo caso che le guerre di ogni epoca tendono a estrarre dall'uomo le pulsioni più estreme. Ma nella civiltà dell'immagine esiste solo ciò che vedi, sfringuellano i guru della modernità acritica per giustificare il loro voyeurismo. Già: ma PER QUANTO esiste? L'immagine, anche la più sconvolgente, galleggia in superficie. E produce reazioni emotive che evaporano in fretta, lasciandoci dentro un ricordo confuso e una scia di sdegno che va a stratificarsi sulle precedenti per gonfiare il salvagente di cinismo con cui cerchiamo di proteggerci. Rendendo indispensabile aumentare la dose dello schifo la prossima volta.

Per prima cosa, il tema: Gramellini commenta la diffusione, nei media, di immagini di torture o di esecuzioni di ostaggi da parte di terroristi afghani e iracheni durante le fasi più violente dei recenti conflitti internazionali. La stampa italiana ha dibattuto aspramente sull'opportunità di rendere o non rendere pubbliche quelle immagini, e sul rischio di agire da "cassa di risonanza" (come era stato detto, negli anni settanta, per i rapimenti delle Brigate Rosse). La prima parte del corsivo è seria e riflessiva, punteggiata di parole del lessico colto (*convincimento*, *consapevolezza*, *pulsione* ecc.), sorretta da un accorto uso di verbi e connettivi, pur in un contesto sintattico agile (solo in due periodi si supera il primo grado di subordinazione). La seconda parte si impenna in toni più polemici, come mostrano i termini espressivi (*sfringuellano*, *schifo*) e i forestierismi, per quanto foneticamente non troppo ostici (l'indiano *guru*) o in parte adattati (il francese *voyeurismo*), i traslati non banali (*galleggia*, *evaporano*, *gonfiare il salvagente di cinismo*) e soprattutto l'espediente grafico di sottolineare un picco esclamativo con l'uso dei caratteri maiuscoli.

3.3.2. Il comunicato stampa Un tempo destinato solo ai giornalisti, come il lancio d'agenzia, il comunicato stampa è ormai uno dei tanti tipi di testo "nudi" che sono diventati familiari ai lettori dei giornali grazie soprattutto alla loro diffusione in rete (cfr. Antonelli, 2007, p. 103). Si tratta di un *testo informativo*, prodotto da un *ufficio stampa*, che fa da filtro tra un'azienda privata o un ente pubblico (dopo la legge 7 giugno 2000, n. 150, anche questi ultimi hanno dovuto potenziare le strutture dedicate alla comunicazione delle loro attività e dei servizi al cittadino) e i giornalisti di carta stampata, radio e televisione; un testo che in genere si inserisce in complessi *piani di comunicazione* che coinvolgono tutti i media disponibili.

Anche per il comunicato stampa valgono le regole della *notiziabilità*: vicinanza dei lettori ai fatti riportati (in senso spaziale, temporale, ma anche emotivo), novità, imprevedibilità ed eccezionalità dell'evento. Se la novità e l'originalità sono due requisiti essenziali per provocarne la stesura, le esigenze e gli interessi del pubblico sono l'altro elemento da tenere in considerazione. Ma non andranno sottovalutati altri fattori, quali il *canale di distribuzione* e le sue peculiarità (un conto è un testo stampato in un quotidiano, un altro è un messaggio trasmesso in TV o alla radio, ancora diverso è il canale della rete o quello dei telefonini collegati per abbonamento alle agenzie di stampa), i *tempi di distribuzione* (se il comunicato arriva alla redazione di un quotidiano in serata, è probabile che non ci sia tempo per inserirlo adeguatamente nell'edizione del giorno dopo), gli *spazi di distribuzione* (con l'avvento del paradigma multimediale, la notizia può comparire o essere ricevuta in spazi fisici e contesti ambientali diversissimi, che ne condizionano la fruizione). Sarà dunque opportuno preparare più versioni dello stesso comunicato stampa, adatte ai tempi e agli spazi del canale in cui dovrà comparire.

Dote essenziale di qualsiasi giornalista, la sintesi è ancor più importante per un *addetto stampa*: i quotidiani tradizionali, e tanto più quelli in rete, non hanno tempo da perdere e spesso hanno anche poco spazio a disposizione. La lunghezza normale si aggirerà quindi intorno alle 20 righe da 60 battute (1.200 caratteri, *spazi compresi*); in ogni caso, non si deve mai superare una cartella dattiloscritta, cioè 30 righe da 60 battute (1.800 caratteri), a maggior ragione per i comunicati stampa in rete, soggetti al vincolo dello schermo.

Quanto allo stile, non dovrebbe discostarsi troppo da quello di un articolo di giornale: più la struttura è simile, più sarà facile inserirla nel contesto della testata.

Vediamo dunque lo schema tipo di un comunicato stampa, lasciando in chiaro gli elementi identici a quelli dell'articolo di giornale ed evidenziando in neretto quelli di contorno, che invece non sempre sono presenti:

- **riferimenti spaziali e cronologici: mittente (sede da cui parte il comunicato, logo dell'azienda), data**;
- occhiello, titolo e sommario – il redattore potrà modificarli, ma gli serviranno di aiuto;
- attacco – 2 o 3 righe, che devono colpire l'attenzione del giornalista;
- nucleo della notizia – 3 o 4 righe, secche e sintetiche, con lo schema delle "5 W";
- altri particolari – frasi brevi, dirette, senza fronzoli, slanci retorici o tecnicismi;
- **dichiarazioni, virgolettate, di una (o più) autorità dell'azienda che ha prodotto il comunicato**;
- **nome del capo ufficio stampa o dell'addetto stampa che si occupa del tema oggetto del comunicato stampa**;
- **indirizzo e recapito telefonico diretto (fisso e mobile); indirizzo di posta elettronica.**

Nel comunicato stampa, come nell'articolo, vale il principio dell'organizzazione del testo *a blocchi* o *a spirale*: il giornalista che riceve il testo deve poterlo tagliare con facilità, senza perdita di contenuti informativi.

3.4. Scrittura brillante e scrittura grigia Tullio De Mauro (2003, p. 136) ricorda che don Lorenzo Milani, il fondatore della scuola di Barbiana morto nel 1967, nella celebre *Lettera a una professoressa* scritta con i suoi allievi, dice che «la scrittura è un'arte seria fatta di una tecnica piccina». Molti giornalisti dimenticano questo sano principio, esagerando nella ricerca di una prosa artistica o trascurando gli elementi basilari della tecnica di scrittura. Nel primo caso si dimentica un dato capitale: in Italia, ancora nel 2007, le persone che non hanno superato la media inferiore nel processo di scolarizzazione restano moltissime; per gran parte della popolazione, l'insieme di *lessico attivo* e di *lessico passivo*, cioè le parole che si sanno usare e quelle che si capiscono, non supera le 10.000 unità. Nel secondo caso si rinuncia, per fretta o per trascuratezza, a offrire al lettore non solo un servizio informativo ma anche un'occasione di contatto con una scrittura usata in modo corretto e consapevole.
Maurizio Dardano (1986, pp. 232 ss.) ha coniato la formula "discorso brillante" per un modello di scrittura, praticato soprattutto da "Repubblica" nella seconda metà degli anni settanta ma già rilevabile nelle cronache politiche del "Giorno", che «pretende di giocare con se stessa» (ivi, p. 240) addensando in poche righe traslati e similitudini, mimesi del parlato con inserti di battute in discorso diretto, esibizionismo colto e sfoggio di allusioni, intenso sfruttamento di neologismi alla moda. Se non è ben controllata da un severo lavoro di limatura, come si richiede a ogni testo scritto, la prosa brillante può stingere nella prosa grigia o, peggio, opaca e confusa.
La storia della letteratura mondiale è piena di grandi giornalisti, e di grandi giornaliste, che spesso sono stati anche scrittori e scrittrici di talento (una rapida ma succosa rassegna si legge in Papuzzi, 1998). Ma più che commentare esempi di grandi maestri, universalmente ammirati (da Biagi a Mafai, da Spinelli a Bettiza), possiamo far ricorso alla schiera ormai piuttosto folta di ottimi giornalisti e giornaliste tra i 30 e i 40-45 anni, i cui articoli – pur nella diversità degli stili individuali –

offrono esempi istruttivi delle potenzialità espressive della scrittura anche in anni sotto questo aspetto non proprio felicissimi.
Si prenda l'attacco di un articolo di Gabriele Romagnoli pubblicato da "Repubblica" il 28 febbraio 2001 e dedicato al caso di Novi Ligure, dove pochi giorni prima un'adolescente, aiutata da un coetaneo, aveva massacrato la madre e il fratello minore (la vicenda è commentata in Sorrentino, 2003, pp. 221 ss.):

Il seme del male germoglia non visto in giardini di rose intorno a villette salmone protette da cani festosi?

Se si prova a leggere ad alta voce, si avverte subito il ritmo che sorregge il periodo; ma se si introducono forzatamente – e con giudizio – gli accapo il fatto è ancor più vistoso:

Il seme del male
germoglia non visto
in giardini di rose
intorno a villette salmone
protette da cani festosi?

Sono cinque segmenti ritmicamente ben individuabili: tre *senari*, cioè sequenze di sei sillabe (nel terzo, «in giardini di rose» la sillaba in più si elimina accorpando la prima vocale all'ultima della parola precedente: «vist*o* / *i*n»; è una *sinalefe*, cioè una fusione delle vocali finale e iniziale di due parole successive); e due novenari (nove sillabe ciascuno). Osserviamo anche la quasi rima tra *rose* e *festosi* e l'*assonanza* (identità di vocali, non di consonanti) tra *r**o**s**e*** e *salm**o**n**e***; scandiscono il ritmo anche una rima interna (*villette* / *protette*) e l'alternanza accorta tra parole al massimo trisillabe e tutte ad accento piano. Passando dalla forma al contenuto, si coglie una probabile allusione incrociata a due celebri formule poetiche, il dantesco "seme del piangere" (*Purgatorio*, XXI, 46) e il titolo della raccolta *I fiori del male* del poeta francese Charles Baudelaire; i fiori, d'altronde, sono direttamente chiamati in causa nel testo.
A impreziosire il dettato possono contribuire anche sinonimi ricercati o termini rari; Luca Serianni (2003, pp. 264-5) ha ritrovato nella prosa

giornalistica recente parole come *angustia*, *ghiribizzo*, *lestofante*, che dovrebbero rientrare nella competenza passiva di un italiano di media cultura, ma che nella lingua quotidiana, aggredita dal parlato, rischiano di scomparire e di trasformarsi in arcaismi; o ancora, una ricca esemplificazione di vocaboli appartenenti alle famiglie di parole relative al "dire", al "ragionare", al "replicare", «ossatura del bagaglio linguistico di una persona istruita: padroneggiandone le sfumature, si può intervenire con efficacia e magari con una certa *verve* polemica in una discussione, argomentando le proprie posizioni o confutando quelle altrui». Uno strumentario, insomma, che serve «per giocare su una tastiera espressiva più ampia di quella abituale», utile «guardando a una lingua che si proponga qualche traguardo ulteriore rispetto alla semplice sopravvivenza; ed è una lingua di cui i giornali contemporanei, nonostante tutto, offrono un buon campionario» (ivi, pp. 266 e 273).

Ma la scrittura brillante può anche esprimersi attraverso usi sintattici inconsueti. Un giornalista che è stato fatto oggetto di ripetute analisi in anni recenti è Ilvo Diamanti, politologo e collaboratore prima del "Sole 24 Ore" poi di "Repubblica". A proposito del suo stile di scrittura, Francesco Sabatini ha parlato di "ipotassi paratattizzata", cioè di un periodare che frantuma le strutture subordinanti dando origine a una successione di brevi frasi coordinate o giustapposte le une alle altre. Vediamo un frammento da un articolo apparso sul "Sole 24 Ore" il 30 giugno 2000 (cit. da Sabatini, 2004, p. 64):

[...] D'Alema in pochi anni, infatti, ha proposto e sostenuto diversi modelli di partito. Parallelamente all'evoluzione della sua biografia politica. Per verificarne e sancirne, ogni volta, l'impraticabilità. D'Alema. Da segretario del PDS, vessillifero della riforma dei partiti di massa. Dimagriti. Ripuliti. Ma con le radici ben piantate nella tradizione. D'Alema. Che dopo essere diventato premier si è impegnato per affermare il "Partito del presidente".

Questo andamento "a singhiozzo" (Rizza, 2003, p. 160), che frange la linea sintattica, sarebbe più trasparente nel parlato dove potrebbe essere «realizzato con maggiore libertà con la prosodia, giocando [...] con le intonazioni»; per ricondurlo alla "normalità" bastano pochi interventi sull'interpunzione; ma possono affiorare dubbi su quali siano le connessioni testuali più corrette, a quali parti del testo facciano riferimento i pronomi (per esempio i *-ne* di *verificarne* e *sancirne*). Secondo Sabatini, la scrittura di Diamanti riflette una «visione problematica delle cose», che «cimenta» il lettore proprio evitando di proporgli una soluzione chiarificatrice (cfr. anche Mortara Garavelli, 2003, pp. 59 ss.). Ma se non è sostenuta, come nel caso di Diamanti, da un ottimo controllo della scrittura, questa segmentazione dei periodi – già ricordata nei paragrafi precedenti e caratteristica anche dei testi pubblicati in rete (cfr. PAR. 5.2) – può complicare fastidiosamente il dettato, rendendolo, anziché brillante, oscuro e faticoso. Secondo Maurizio Dardano, questo è «uno degli aspetti più vistosi della stereotipizzazione della scrittura giornalistica», che non ha più «la funzione di semplificare la sintassi, ma risponde quasi esclusivamente a esigenze impressive; è una soluzione stilistica di facile effetto, che carica di enfasi il dettato» (cit. da Antonelli, 2007, p. 95).

A esigenze impressive risponde anche l'atteggiarsi a una dimensione più vivace e brillante, che tuttavia risulta solo esteriore e non aiuta una piana e corretta lettura del testo. Michele Loporcaro (2005) ha ritenuto utile usare le categorie della critica letteraria per cogliere una tendenza che, se gestita in modo poco professionale, può trasformarsi in un facile strumento di spettacolarizzazione della notizia: con il critico francese Gérard Genette, Loporcaro distingue diversi livelli di coinvolgimento del narratore nella vicenda narrata, parlando di *focalizzazione di grado zero* quando il *narratore* (= emittente) e il *narratario* (= destinatario) sono *fuori* del mondo narrativo e delle azioni e pensieri dei personaggi e il narratore sa più di quanto sanno gli stessi protagonisti; di *focalizzazione interna* quando il narratore è *dentro* il mondo narrativo e *assume il punto di vista* di uno dei soggetti dell'avvenimento; e, infine, di *focalizzazione esterna* quando il narratore sa meno dei protagonisti dell'evento e lo racconta in modo oggettivo, lasciando che sia il lettore a scoprire, insieme a chi scrive e con il suo aiuto, la realtà narrata.

Il giornalista di rango sa sfruttare le tecniche più raffinate della narrativa per emozionare e avvincere il lettore; ecco come due grandi giornalisti si pongono di fronte a un episodio di guerra (da Tarantini, 1998, pp. 103-4):

«Questa è la storia della battaglia di Budapest e il lettore mi perdoni se la riferiamo con tanto ritardo. Mentre la combattevano, i russi mi tolsero il mezzo di raccontarla; e, in fondo, non ci resta che ringraziarli per averci tolto solo questo. È una storia parziale, naturalmente, come del resto lo sono tutte le storie. Non abbiamo che due occhi e siamo stati costretti a scriverne con parsimonia, usandone uno per osservare ciò che succedeva a Budapest e l'altro per sorvegliare che non succedesse altrettanto a noi. Tenete a mente che nessuno ha visto tutto. Vi dico solo quello che ho visto io. E vi chiedo preventivamente scusa se vi parrà troppo poco».

Indro Montanelli, il 13 novembre 1956, sceglie un approccio asciutto, oggettivo, senza confusione di ruoli tra giornalista e lettore; Oriana Fallaci, al contrario, il 17 febbraio 1991 si annulla per favorire l'identificazione tra giornalista e lettore; una scrittura cinematografica, dominata dalla soggettività, che fa uso di immagini dirette, con forte carica simbolica, e propone un'analisi della guerra attraverso emozioni, sentimenti, dubbi:

«"On the spot, ci siamo" mi dice il tenente colonnello Jeff Knight, quando il KC 135 entra nell'area stabilita: un punto la cui latitudine e longitudine devono restare ovviamente segreti [...] "May I go?, posso andare?" domando col distacco del professionista abituato alla guerra [...]. Il tenente colonnello Jeff Knight fa un cenno affermativo [...]. D'un tratto una sagoma scura, una specie di rondine, sbuca dalla parete di nubi. In pochi istanti diviene un Phantom che si avvicina e, accelerando [...] disinvolto come un autista che raggiunge un camion per tallonarlo, si piazza a pochi centimetri dalla bocca del boom...».

Ma non tutti i giornalisti sono dei Montanelli o delle Fallaci; anche tra le notizie brevi e i pezzi anonimi si insinua uno stile concitato, magari iperparlato ma ciò nonostante confuso.
Una sorta di ibridazione tra stereotipi della cronaca e ricerca di effetti narrativi ispirati anche a modelli cinematografici troviamo nel seguente articolo, tratto dal "Tempo" del 30 settembre 2006, p. 35. Il testo vero e proprio è preceduto da un sommario:

Un inseguimento durato chilometri e chilometri sul filo dei duecento all'ora. Quattro volanti speronate. Spari sul raccordo anulare nel cuore della notte. Alla fine un bandito arrestato e due suv recuperati dalla polizia, mentre una terza auto, una Golf, è scomparsa nel nulla dalle parti del Casilino.

Quattro periodi, di cui tre con struttura tema + participio passato attributivo e un quarto, più mosso, che presenta due proposizioni coordinate con struttura analoga alle precedenti (che invece erano giustapposte, per dare ritmo e tensione) e una subordinata avversativa esplicita (*mentre*...). Il titolo anticipa la chiave narrativa ispirata al cinema:

La cronaca di una notte che sembra uscita da un film d'azione. [...] verso mezzanotte, tre ragazzi rubano tre auto da un negozio e fuggono; il custode, liberatosi, avvisa la polizia. [...] Parte la caccia, le volanti sguinzagliate si allargano nel quadrante tendendo la rete. In via Cipro nulla, in via Aurelia verso fuori Roma ancora nulla, sul GRA all'altezza della Maglianella la BMW sfugge ancora. Misteriosamente il segnale del satellitare a quel punto sparisce, ma è la volante 10, da un parziale della targa, a riconoscere all'altezza di Casal Lumbroso la vettura rapinata in via Pellico. Il testa a testa inizia qui. Il ragazzo al volante agita una pistola dal finestrino, spinge sull'acceleratore, scappa. I poliziotti sono dietro, l'altro minaccia di sparare, e allora sparano gli agenti: una gomma viene colpita, ma il sistema "run flat" del pneumatico consente al bandito di continuare a correre. Sempre sul GRA, all'altezza di Ciampino, il "pilota" accenna a desistere: rallenta, fa per accostare, alza le mani come per arrendersi. È una finta, quando la volante è di fianco la sperona e quasi la manda fuori strada. Ma ecco, si aggiunge alla caccia un'auto della Polstrada, il testa a testa continua per chilometri. La trappola però ormai è scattata. Le volanti 14 e 15 chiudono il Raccordo all'altezza dell'Anagnina mettendosi di traverso: arriva la BMW, il guidatore accelera, vuole forzare il blocco. Le due macchine sono prese in pieno, ma ormai la partita è chiusa: come una belva ferita, l'X5 si dimena ancora, il rapinatore innesta la retromarcia, ma le due macchine della polizia che arrivano bloccano la fuga. [...] Non è ancora finita però. I banditi erano tre, all'appello ne mancano due. [...] Le tracce di quest'ultima auto, segnalate in zona Casilina, si perdono nel nulla. Possibile che la macchina sia stata chiusa in un container schermato, permettendo ai "meccanici" della banda di smontare il viasat con tutta calma al riparo dagli occhi indiscreti del satellite. Non sarebbe la prima volta del resto: come dimostrano gli ultimi, rocamboleschi inseguimenti, SUV e auto di lusso vengono rubate da "piloti" che le bande ingaggiano con un solo compito da assolvere: scappare dalla polizia fino al nascondiglio più vicino. E dietro c'è un giro d'affari milionario.

Dopo aver enunciato gli elementi essenziali del fatto, il cronista segue la *caccia* come se si trovasse all'interno di una delle *volanti* della polizia

che "tendono la rete" (*quadrante* per "zona d'azione" è un prelievo dal lessico delle forze dell'ordine, così come probabilmente l'aggettivo *parziale*, con ellissi di [*dettaglio*]); un pizzico di suspence (*misteriosamente*), ma l'azione prosegue (si noti la *frase scissa* «è la volante 10 [...] a riconoscere», cfr. PAR. 4.4); la narrazione, incalzante, si snoda a scatti («Il testa a testa inizia qui», «È una finta», «La trappola però ormai è scattata», «Non è ancora finita, però»), per strutture verbali ternarie parallele, collegate in genere per *asìndeto*, cioè senza congiunzioni coordinanti («Il ragazzo [...] agita [...] spinge [...] scappa» / «I poliziotti sono dietro [...] l'altro minaccia [...] e allora sparano»), prevalentemente coordinative o giustappositive e con tecniche descrittive che imitano i movimenti di una macchina da presa. L'autore della rapina, protagonista della fuga, è richiamato nel testo attraverso ben sei diversi sinonimi in funzione di coesivi (*il ragazzo*, *l'altro*, [*i*]*l bandito*, *il "pilota"*, *il guidatore*, *il rapinatore*); dall'altra parte gli agenti sono sostituiti dalle loro macchine, in una costruzione narrativa che assimila le volanti a cani da caccia e l'auto in fuga a una «belva ferita». Il testo è punteggiato di tecnicismi automobilistici (*satellitare*, *sistema "run flat"*, *container schermato*, *SUV*).
La cronaca, insomma, imita i ritmi del romanzo o del telefilm poliziesco, per vivacizzare le descrizioni e attrarre il lettore; in altri casi, come quello esaminato in precedenza (cfr. PAR. 3.1), i tentativi di animazione sono più goffi e stereotipici.

3.5. Frasi fatte e parole alla moda Specchio delle tante varietà di lingua che popolano lo spazio linguistico, la lingua dei giornali assorbe come una spugna gli usi nuovi, contribuisce potentemente a farli diventare di moda e, infine, anche a fissarli nell'uso ripetendoli in modo ossessivo. Fin da quando ha cominciato ad acquisire una propria fisionomia, la scrittura giornalistica ha conosciuto il fenomeno della *stereotipia*, cioè della riproduzione meccanica di associazioni di parole (nome e aggettivo, intere frasi) o di traslati in origine brillanti ma a poco a poco resi stucchevoli per il troppo uso (*gettare acqua sul fuoco*, *essere nel mirino*, *indagini a 360 gradi* ecc.) o per il prolungamento e l'approfondimento esasperati (Dardano, 1986, p. 236).
I ritmi incalzanti dei tempi di trasmissione delle notizie (telegrafo, tele-

fono, ora il computer) e di composizione dei pezzi non danno modo di attingere a repertori più raffinati; a nulla valgono le raccomandazioni dei giornalisti più esperti, dei manuali redazionali e dei corsi di scrittura: sequenze come *secca smentita*, *netto rifiuto*, *agghiacciante sciagura*, *spiacevole incidente*, *strepitoso successo*, *male incurabile* riaffiorano sempre nei testi meno sorvegliati, così come le frasi fatte, che possono cambiare sull'onda degli episodi di cronaca più ghiotti e delle mode del momento, ma sono facilmente riconoscibili anche per il lettore distratto, *in preda ai fumi dell'alcol*, *nell'occhio del ciclone*, *essere o arrivare al capolinea*. Da Serianni (2000, pp. 328 ss.), con qualche taglio e qualche integrazione, raccogliamo alcune famiglie di stereotipi che si possono ancora incontrare, specialmente nelle pagine della cronaca.

La prima è quella dei tecnicismi medici, giudiziari e burocratici che derivano dalla meccanica riproposizione dei referti del medico legale o della polizia, o dal loro adattamento a forme di maggiore comprensibilità per il lettore: «I medici hanno subito prestato *le cure del caso*», «è stato sottoposto a un *delicato intervento* chirurgico», «le sue condizioni *non destano preoccupazioni*»; «il paziente è ricoverato *in prognosi riservata*»; «i fatti sono *al vaglio* dell'autorità inquirente»; «le cause dell'incidente sono *in corso di accertamento*»; «il PM *ha convalidato l'arresto*». In alcuni di questi esempi riconosciamo quelle che in linguistica si definiscono *collocazioni*, cioè accostamenti fissi di determinati elementi lessicali (aggettivi e sostantivi, come in *delicato intervento*, verbi e sostantivi, come in *non destano preoccupazioni* o *convalidare l'arresto*) per cui, data una parola, per esempio *intervento*, gli aggettivi immediatamente disponibili alla memoria del parlante (e dello scrivente) sono sempre gli stessi (*delicato* se si tratta di un intervento chirurgico, *tempestivo* se si tratta di un intervento della polizia ecc.) tanto che scelte diverse (*complicato* intervento, *rapidissimo* intervento) pur se virtualmente ammissibili, suonano stonate.

Una seconda serie è formata dalle espressioni che Serianni (ivi, p. 331) definisce "paraletterarie", in quanto usano stilemi letterari per vivacizzare la descrizione, ma senza l'originalità che ci si aspetta da un testo artistico: «Le vittime sono rimaste incastrate nell'abitacolo, ridotto a *un ammasso di lamiere*»; «nuovo *blitz antidroga* delle forze dell'ordine»; «la vicenda è coperta da un *fitto riserbo*»; «ed è nel suo studio che è stata fatta la *macabra scoperta*». In questa serie possiamo far rientrare espressioni più correnti ma che hanno la peculiarità di apparire «in un *momento topico* dell'intreccio» (ivi, pp. 328 ss.), combinando modalità espressive e narrative. Vediamo le più interessanti: *non contenti*: «Colpo grosso di una coppia di giovani malviventi l'altro ieri in via Osoppo [...] i due banditi [...] con le maniere forti l'hanno costretta a sfilarsi il Rolex d'oro [...] *Non contenti*, i due le hanno anche strappato un bracciale»; *nessuna traccia*: «nel giro di pochi minuti è scattato l'allarme [...]. Fino a ieri sera, però, dei rapinatori *nessuna traccia*»; *ormai privo di vita*: «sul posto sono accorsi i carabinieri e i medici del servizio di emergenza, che hanno trovato V. *ormai privo di vita*»; *prendere di mira*: «rapinatori scatenati ieri nel viterbese [...]. Stavolta, ad essere *presa di mira*, è stata la Banca di Credito Cooperativo»; *finiti in manette*: «Sono catanesi e appartengono ad una più vasta organizzazione criminale i due giovani arrestati dalla polizia per la rapina all'ufficio postale di Catania di sabato scorso. *In manette sono finiti* M. N., 20 anni, e O. P., 19 anni». Anche in questi casi il buon giornalista dovrebbe subito insospettirsi e trovare soluzioni meno trite, ma è pur vero che tanti di questi stereotipi, pur fastidiosi, collocandosi perfettamente nell'orizzonte d'attesa del lettore, possono «facilitare la trasmissione del messaggio» (Serianni, 2003, p. 262).

Più vario, e soprattutto più soggetto al cambiare delle mode, è il campionario di frasi riprese da titoli di film, di canzoni, di programmi televisivi celebri o di grande successo in un dato momento storico. In questo settore si avverte con più nettezza il cambiamento del folklore (cfr. PAR. 2.2): in passato, il ruolo di impreziosire il dettato del pezzo di cronaca era svolto da detti e proverbi, attinti anche alla memoria popolare e regionale, oppure da citazioni letterarie e storiche. Oggi la storia è quella, spesso molto corta, dei grandi mezzi di comunicazione di massa. I film hanno notoriamente la parte del leone, specie nella titolazione, e si prestano a piccole variazioni, magari con intento ironico o per adattarli al contesto. I film di cassetta hollywoodiani sono un pozzo senza fondo, per cui può bastare la citazione di *Tutti pazzi per Mary* (un'opera del 1998 non certo di altissimo livello artistico), che ha dato la stura a infinite riproduzioni (*tutti pazzi per Totti*, con allitterazione, o ancora *tutti pazzi per la notte bianca* ecc.); Maurizio

Dardano (2002, p. 263) ricorda la miriade di riprese, con riformulazioni, ironie, adattamenti, del titolo del film di Steven Spielberg *Jurassic Park* (1993); l'8 maggio 2007 il sindaco di Torino Chiamparino, in un'intervista alla "Stampa" sul problema dello spaccio di stupefacenti, commentava fatti accaduti in un'area della periferia est della città definita come *Tossic Park*: un ibrido tra un anglicismo integrale (*Park*) e uno pseudoanglicismo (una falsa anglicizzazione dell'italiano *tossico* "tossicodipendente"; l'inglese *toxic* ha solo il significato referenziale di "velenoso, tossico").
Michele Loporcaro ha poi puntato l'attenzione sul fatto che stampa e televisione indulgono spesso a riprodurre per inerzia il lessico dei protagonisti degli eventi di cui parlano. Poiché si tratta spesso di fatti criminosi, a diventare di moda sono così il gergo di delinquenti, tossicodipendenti, terroristi: un feroce omicidio diventa così un'*esecuzione*, le cui vittime sono *freddate* o, peggio, *giustiziate* (come si è sentito o letto negli anni di piombo a proposito dei prigionieri delle Brigate Rosse).
Infine, più effimere ma martellanti sono le frasi fatte o le espressioni traslate ispirate – talora con dubbio gusto – dall'evento recente che ha emozionato di più: dopo il devastante maremoto che nel dicembre 2005 ha sconvolto le coste dell'Indonesia, la parola *tsunami* (di origine giapponese) è diventata un facile sinonimo di *catastrofe*, per cui si è potuto leggere, per esempio, che "Il voto delle regionali è stato *uno tsunami* per la Casa delle libertà".
Per le formule stereotipiche Ornella Castellani Pollidori (2002) ha coniato il termine di *plastismi*: una «lingua di plastica» che «fa un impiego eccessivo e spesso semanticamente sfalsato di frasi fatte» e che «inseguendo sempre l'ultima moda, contribuisce potentemente, con la pratica del continuo riuso, all'invecchiamento precoce di ogni (vera o presunta) novità lessicale» (ivi, p. 161). Abbondano, dunque, in certa scrittura giornalistica che vuol essere brillante ma è in effetti grigia e consunta, formule come *uscire dal tunnel* (in genere della droga), *la madre di tutte...*, *fare un passo indietro* per "ritirarsi", *un attimino* in funzione non temporale ma quantitativa («questo caffè è *un attimino* troppo dolce»), *in tempo reale* per l'ormai invecchiato *in diretta*, *nel mirino* (con rischi di soluzioni un po' imbarazzanti, come quando il giornale gratuito "City" titola, il 19 ottobre 2005: *Virus dei polli, anche*

i piccioni nel mirino); parole alla moda dalla semantica molto elastica (*spalmare* per "distribuire", *paventare* usato sia nel senso corretto di "temere" sia – erroneamente – nel senso di "annunciare, ventilare, adombrare"); e inoltre, locuzioni aggettivali elative (*da brivido*, *da urlo*), riempitivi di chiusura: *...e quant'altro*, *...e dintorni*, *...e/ma non solo*; frasi conclusive ricalcate sull'inglese: *non c'è problema*, *tranquilli*, *assolutamente*; stereotipi sintattici come l'*è* + sostantivo senza interposizione dell'articolo: *è scontro*, *è bufera* ecc. Tra i plastismi si potrebbero annoverare anche i traslati un po' usurati, che formalmente ruotano intorno a una parola chiave con minime varianti (Serianni, 2000, pp. 347 ss., da cui ricaviamo gli esempi, li definisce *metafore sintagmatiche*), come *premere/lasciare l'acceleratore*, *bagno di folla*, *vedere/vivere come un incubo*, *essere in ebollizione* o *in fibrillazione*, *giocare in casa*, *tirare la corda*, *tirare per la giacca/per la giacchetta* "cercare di tirare dalla propria parte".

Un'ultima serie di parole alla moda è costituita da neologismi e anglicismi. Si può affermare senza incertezze che la scrittura dei giornali è una delle fonti più produttive di parole nuove; lo hanno dimostrato, negli ultimi anni, le raccolte di Giovanni Adamo e Valeria Della Valle (2003, 2006), tratte appunto da spogli attenti di quotidiani, e il repertorio di Bencini, Manetti (2005). Spigolando nella lettera *C* di Adamo, Della Valle (2006) troviamo traslati e riformulazioni scherzose o polemiche (*camici sporchi*, rifatto su *mani pulite*, per indicare medici che hanno commesso illeciti, *carretta dei cieli*, detto di un aereo che non dà garanzie di sicurezza), serie di suffissati espressivi (*calendarista* "chi posa per calendari sexy", *cattivista* "il contrario di buonista", *chiacchieroso* "futile, inconcludente come una chiacchiera", *cottaiolo* "chi si prende spesso una cotta" ecc.) o d'origine burocratica (*catastizzazione* "adeguamento periodico dei parametri catastali"), composti con elementi verbali (*cercatumori*) o per tamponamento (*cineristopizzeria*).

Più banali, ma anche più disponibili alla serializzazione, sono i neologismi formati attraverso la composizione nominale o tramite suffissoidi di largo uso; il caso più vistoso è quello del suffissoide di origine greca *-poli* che, soprattutto dopo lo scandalo di Tangentopoli, ha assunto il nuovo significato di "scandalo (politico o finanziario)", generando un'infinità di neoformazioni, in un circuito potenzialmente ininterrotto: gli ultimi esempi (2006 e 2007) sono *Moggiopoli* e *vallettopoli*, il primo interessante anche perché costruito su un cognome; ancora dalla *C* di Adamo, Della Valle (2006) segnaliamo la folta serie di composti con *caro-* (*caro-latte*, *caro-fitti*, *caro-ombrellone* ecc.).

L'uso di parole inglesi può rispondere a una funzione *affettiva*: evocando ambienti e situazioni di prestigio, esaltano il ruolo dell'emittente e gratificano il ricevente, lusingato di essere considerato abbastanza competente da cogliere il significato delle parole straniere; oppure può avere una funzione *straniante*, per esempio quando frasi interamente in inglese, incastonate senza traduzione nel testo o, ancor meglio, nei titoli (come accade spesso nei fogli d'opinione) o pronunciate – specialmente in televisione – da parlanti madrelingua, colpiscono e suggestionano proprio per la loro estraneità (cfr. Antelmi, 2006, pp. 39-41 e in generale Giovanardi, Gualdo 2003); infine, l'inglese può naturalmente servire anche allo scopo di semplificare e abbreviare i messaggi (Dardano, 2002, p. 266). Il gioco di parole tra italiano e inglese è sempre più invasivo, e può assumere varie forme: dall'inglese maccheronico di certi slogan pubblicitari (*two gust is megl' che one*) all'*ibridazione* (per esempio nei sintagmi nominali che hanno come secondo elemento un anglicismo: *attività fitness*, *crema anti-age*, talvolta anche con inversione della sequenza normale di sostantivo e attributo: "acquista la *campionato card*"), fino alla variazione tutta interna all'inglese (rubrica di cucina intitolata *eat parade* sul modello di *hit parade*); nei giornali rivolti a un pubblico più selezionato, le inserzioni pubblicitarie giocano più volentieri con l'inglese: sul "Sole 24 Ore" del 28 dicembre 2006 un apparecchio per la gestione della telefonia d'ufficio era presentato con la battuta *Che VOIP?*, in cui la sigla *VOIP* (cfr. PAR. 5.1) si confondeva con la forma verbale *vuoi* (forse anche ammiccando a un uso regionale). L'uso ludico e scherzoso si coglie in sequenze accumulative o in parallelismi («dagli happy-hours di oggi allo street food di domani, dal pranzo pit stop al kitsch alimentare: sono questi i nuovi modi e mode del mangiare»; cfr. Dardano *et al.*, 2005, p. 232).

Di altissima frequenza sono i composti coordinanti italiano-inglese, in cui il secondo elemento svolge la funzione di determinante: Dardano e collaboratori (ivi, p. 243) ne elencano ben 44 con *killer*, in gran parte dei quali il primo elemento è una parola che indica una cosa o un'azione (non un essere umano, come ci si aspetterebbe), come *antrace killer*, *eroina killer* o *bacio killer*; non mancano però composti con termini in relazione sintattica opposta, come quelli con *day*, in cui l'anglicismo è il determinato. Dardano e collaboratori (2005) hanno esaminato un *corpus* di giornali gratuiti e di fogli d'opinione, alla ricerca di composti misti (realizzati cioè con elementi italiani e inglesi) e allo scopo di verificare quali fossero le sezioni del testo, o più spesso del *paratesto* (cfr. PAR. 2.2) in cui gli anglicismi sono più frequenti. La "densità testuale" di questi ultimi è massima negli articoli di divulgazione scientifica e tecnica, nella titolazione e nei luoghi di massima evidenza del testo (apertura e chiusura dell'articolo). In conclusione, potremmo dire, generalizzando rilievi di Serianni (2003, p. 353) sulla cronaca politica, che questi elementi di vivacizzazione si situano al livello mediano in un'ideale scala di valori che va da un livello alto di espressività, contrassegnato da soluzioni originali, adatte al contesto e segno di perizia stilistica, a un livello basso, di alta prevedibilità stereotipica e scarso dominio delle potenzialità della lingua, rappresentando «l'esito, o il cascame, di un registro brillante-ironico, da tempo di prammatica nell'affrontare temi politici, specie interni» che ricorre «a figuranti sproporzionati rispetto alla banalità del piccolo cabotaggio della politica quotidiana».

Per riassumere...

- Il giornale è un contenitore di più tipi di scritture, e anche i singoli articoli possono combinare caratteristiche espressive e formali molto diverse (sono i cosiddetti "testi misti"). La lingua dei quotidiani è quindi un repertorio rappresentativo delle varietà dell'italiano scritto contemporaneo.
- La scrittura giornalistica cambia anche a seconda della forma dell'articolo: la velocità e la quantità di notizie in circolazione nei media trovano un'espressione efficace nei testi brevi, che condensano l'informazione in poche battute essenziali. Le varie parti del testo (attacco, corpo centrale ecc.) pongono problemi di scrittura e di tenuta logico-argomentativa che vanno affrontati per ottenere una comunicazione più efficace.
- L'analisi di articoli di economia e di sport permette di cogliere alcuni aspetti della diversità di temi e di forme di scrittura reperibili nei quotidiani: dal tecnicismo un po' ostico delle pagine finanziarie alla retorica, intrisa di passioni identitarie, delle cronache del calcio.

- Corsivo e comunicato stampa sono solo due dei tanti tipi di testi che possiamo incontrare nel quotidiano. Il corsivo è una palestra di scrittura brillante e polemica, il comunicato stampa è un testo informativo ma anche persuasivo, che rappresenta bene una forma di scrittura semplice e completa, adatta per allenarsi alle tecniche del giornalismo.
- Vizio d'origine della lingua dei giornali sono gli stereotipi, le frasi fatte usate per inerzia. La scrittura giornalistica di oggi si compiace anche di neologismi e parole straniere alla moda: un piccolo campionario può servire a capire quali sono e a usarli con cautela.

4. La scrittura giornalistica

Facendo tesoro di quanto detto nel capitolo precedente, esamineremo nelle prossime pagine alcuni aspetti della scrittura giornalistica, soffermando l'attenzione sulle più importanti tipologie di articolo reperibili, oggi come ieri, nei quotidiani: la notizia (o lancio) d'agenzia, l'articolo di cronaca e di approfondimento, l'intervista.

4.1. Dall'agenzia di stampa alla pagina La prima agenzia di stampa è stata fondata in Francia nel 1832 da Charles Louis Havas, con un compito di mediazione: tradurre gli articoli di quotidiani stranieri in francese. In Italia, dalle ceneri dell'agenzia Stefani, nata nel 1853, fu creata nel 1945 l'ANSA, che nell'anno di nascita trasmetteva 20.000 parole al giorno e oggi si attesta sulle 350.000 (occupando, per numero di notizie pubblicate e rete organizzativa, il quinto o il sesto posto tra le agenzie mondiali), ma è affiancata, in modo anomalo rispetto ad altri paesi occidentali, da molte altre agenzie, alcune delle quali (Adnkronos, AGI, ASCA) piuttosto solide e importanti.

Le agenzie diffondono *flash* (dispacci di 1-2 righe) e *round up* (la panoramica di un evento da diversi angoli di visuale) (cfr. Faustini, 1995, pp. 76-7 e in generale Lepri, 2003).

Nei giornali del primo Novecento non era raro che le notizie riproducessero dispacci d'agenzia senza interventi redazionali; Serianni (1990, p. 35) propone un esempio dal "Corriere" del 19-20 settembre 1900:

> La Stefani ci comunica da Pisa, 18 settembre, notte:
> Stamane si sono celebrati nella cattedrale solenni funerali per re Umberto. Vi assistettero il Conte di Torino, le autorità civili e militari, le rappresentanze dei Comuni della provincia, associazioni e grande folla. L'arcivescovo Capponi diede l'assoluzione al tumulo. La città era imbandierata a lutto ed i negozi e le fabbriche erano chiusi. Stasera si inaugurerà all'associazione della Misericordia una lapide in memoria di re Umberto.

I periodi sono quasi tutti monoproposizionali (tranne che nelle due coordinate: «La città [...] erano chiusi»), lo stile telegrafico si avverte nella quasi totale assenza di legami anaforici (l'unico è *Vi*, che riprende «ai solenni funerali») e nel prevalere dei nomi rispetto ai verbi; notiamo anche l'uso del passato remoto, all'epoca ancora prevalente – diversamente da oggi – sul passato prossimo.

Sul piano dei contenuti, «Il prodotto dell'agenzia deve essere usabile da tutti i giornali, di qualsiasi tendenza» (Tomon, 2003, p. 92); perciò, va evitato un tono interpretativo, e semmai preferito il condizionale di dissociazione. Sul piano stilistico, i testi non devono presentare troppe oscillazioni e la personalizzazione è considerata un difetto, senza arrivare all'eccesso di puntare a testi che sembrino «scritti da una sola mano» come pretendeva il direttore dell'"Europeo" Arrigo Benedetti nei primi anni cinquanta (attenzione, semmai, agli stereotipi, che aumentano quanto meno tempo si ha a disposizione); devono essere sintetici e seguire i principi del *lead* (se molto lunghi, avere una struttura modulare, a spirale) ma non telegrafici (ancora Tomon, 2002, p. 93, avverte che la notizia d'agenzia «non ha niente a che fare coi telegrammi»); devono dare anche i precedenti (*background*) della notizia, per consentire al giornalista che li utilizzerà di farsi un'idea del contesto in cui va collocata; nei titoli, le parole chiave devono apparire in prima posizione, per facilitarne il reperimento con i programmi di ricerca automatica.

Fino ai primi anni novanta, nelle grandi agenzie di stampa circolavano manuali di stile redazionale che indicavano ai giornalisti le regole da seguire per scrivere in modo chiaro e corretto, piano e non retorico, evitando un lessico troppo aulico o alla moda (inizialmente con un atteggiamento censorio verso gli anglicismi, poi a mano a mano tollerati) ma cercando di non eccedere nemmeno nei tecnicismi specialistici, mantenendo un controllo sulle regole grammaticali (ancora nel manuale usato nel 1992 si corregge l'uso di *lui* per *egli* come pronome soggetto e di *gli* per *le*, e non si ammette l'indicativo per il congiuntivo nelle completive e nel periodo ipotetico) e sorvegliando anche la sintassi; infine, esercitando attente verifiche dell'ortografia dei nomi propri, specialmente dei toponimi, cioè dei nomi di luogo, stranieri (molto utile la sintesi di Lepri, 2003, pp. 185 ss.; per i manuali redazionali, cfr. Palermo, 1997).

Nei quotidiani in rete, i lanci d'agenzia possono essere riutilizzati in più modi (Bonomi, 2002, p. 277): in un riquadro della pagina iniziale dedicato alle notizie più fresche (magari a scorrimento), con tecniche di approfondimento ipertestuale e marcata rielaborazione del testo, fondendo più lanci – con un lavoro di taglia e incolla – in un articolo più ampio; nel primo caso, la rielaborazione è spesso solo una "coloritura" di registro, analoga a quella che colpisce i lanci d'agenzia quando passano di peso alla carta stampata (cfr. anche CAP. 5):

ANSA 6-09-01, 12:12:23 - ATLETICA: MARCIA : 20KM: RECORD MONDIALE PER IVANOVA - BRISBANE, 6 SET - Nuovo primato del mondo della marcia ai Goodwill Games australiani: la russa Ivanova ha vinto la gara in 1 ora, 26'52"3 cancellando il precedente record che apparteneva alla portoghese Feito.

Csera 06 set 12:26 - ATLETICA: RECORD MONDIALE IVANOVA DEI 20KM DI MARCIA
La russa ha ***stracciato*** il precedente primato della Feito. Nuovo primato del mondo della marcia ai Goodwill Games australiani: la russa Ivanova ha vinto la gara in 1 ora, 26'52"3 **stracciando** il precedente record che apparteneva alla portoghese Feito.

Come si vede, la notizia battuta dall'ANSA subisce solo minimi ritocchi: nel titolo, si nota la struttura brachilogica nome + nome proprio, tipica della titolazione sportiva; nel testo, il neutro *cancellando* viene sostituito dal più espressivo *stracciando*, usato anche nella prima frase riassuntiva (dove notiamo anche la ripresa di *Ivanova* con il coesivo sinonimico *la russa*).

4.2. L'articolo di cronaca Le caratteristiche essenziali della lingua degli articoli di cronaca cittadina si consolidano già nell'Ottocento. La scrittura e rapida e concisa impone scelte linguistiche che talvolta appaiono in contrasto con le esigenze di leggibilità, come l'abbondare di *costrutti impliciti* (gerundi e participi congiunti e assoluti), che hanno il vantaggio di condensare particolari della notizia ma possono rivelarsi pericolosi per la coerenza e l'equilibrio del periodo; nei due esempi seguenti (tratti da Masini, 1994, p. 655, corsivi nostri), notiamo due gerundi riferiti a soggetti diversi, un participio passato congiunto («impossessatisi... quei malandrini») in apertura di periodo, e una sequenza di gerundi (un costrutto che resterà a lungo caratteristico della prosa giornalistica):

Una bambina, certa Angela Gianoli di Porta Romana, *essendosi recata* nel cortile dell'ortolano Colombo, un cane di costui le si lanciò contro *addentandola* al braccio sinistro.

[.,..] *Impossessatisi* di questi oggetti quei malandrini insisterono perché quell'infelice denunziasse il luogo ove teneva nascosto il denaro, e gli produssero diverse leggiere lesioni col coltello, tormentandolo pur anco col versargli dell'olio bollito sulle spalle! *Proseguendo* però il Moretti a dire che non aveva altri denari, i malfattori si allontanarono seco *asportando* gli oggetti involati.

Si noteranno anche i passati remoti e, nel secondo esempio, alcune grafie e forme oggi non più in uso (*leggiere*) o minoritarie (*denunziasse*, *insisterono* per *insistettero*), la posizione del gruppo pronominale (*seco asportando*, oggi si scriverebbe *portando via {con sé}*), il lessico aulico (*pur anco* "inoltre", *involati* "rubati") o da referto medico-poliziesco (*produssero*, *asportando*) e l'aggettivazione enfatica (*quei malandrini*, *quell'infelice*).
In un altro esempio vediamo tre casi di imperfetto cronistico (cfr. PAR. 1.1) e un participio passato congiunto, cioè legato sintatticamente alla frase reggente, con valore temporale:

Oggi in sul pomeriggio un giovane della Farmacia del Gallo presso il Largo della Carità *aggrediva* un milite della Guardia Nazionale e lo *feriva* con un colpo di pugnale sulla testa. La G. N. di quel posto, *arrestato* il feritore, lo *consegnava* a due Carabinieri che lo condussero in Questura.

Verbali di polizia, referti medici o autoptici, comunicazioni burocratico-amministrative confluiscono nella cronaca, fissando alcune abitudini stilistiche oggi senz'altro in declino, come la sequenza *cognome-nome*: «ferimento, avvenuto la sera del 20 giugno u.s., sulla persona di Lovera Antonio», la posposizione del numerale: «abbandonava il proprio figlio di mesi 3», il possessivo espresso con la formula *il di lui*: «il di lei avvocato difensore», il participio presente con valore verbale: «saranno chiamati in giudizio alcuni *componenti la banda* suddetta», l'uso di *venire* come ausiliare: «Ieri l'altro *venne* da mano incognita scagliato contro il treno un grosso sasso» (osserviamo anche la posizione del complemento e il passato remoto per un evento vicino).

In generale, oggi la cronaca è attenta a evitare questi stilemi, anche se fa più fatica a liberarsi degli stereotipi. Semmai, la tendenza è quella di romanzare il testo, imitando – in modo più o meno riuscito – la narrativa di consumo o poliziesca (anche nella sua variante cinematografica, il cui modello influisce sul ritmo della sceneggiatura). Da Serianni (2000, pp. 317-8) riproduciamo (seguendone il commento) un esempio di cronaca "narrativizzata", tratto dal "Corriere" dell'8 febbraio 1998:

Cerignola (Foggia). - Cosa poteva saperne Tommaso, che da poco aveva compiuto un anno, delle nuvole nere che opprimevano il cuore di sua madre? Lui dormiva come un bambolotto nella culla, dove la mamma lo aveva adagiato dopo averlo coccolato e rassicurato con una dolce ninna nanna. Ma quando è scoccata mezzanotte, da quelle nuvole nere sono venute fuori le voci di morte che hanno catturato il cuore di Raffaella Paradiso: un cuscino, una pressione neanche tanto forte sul volto di Tommaso e il bimbo ha smesso di respirare. Poi Raffaella si è lanciata nel vuoto dal primo piano della sua casa, ma non ha trovato la morte che cercava. Lesioni alle vertebre, fratture in varie parti del corpo: i medici dicono che è condannata a vivere.
[...] I vicini avrebbero giurato sulla normalità e la tranquillità di Raffaella, trentatré anni, casalinga: una benestante, ma non una persona che stava bene [...] E, tra le righe dei discorsi ascoltati in questo paesone di sessantamila abitanti, teneva banco il pettegolezzo sulla crisi coniugale tra Raffaella e il marito.[...] Ma la profonda depressione in cui era precipitata Raffaella aveva ben altra origine che non una separazione, per giunta troppo recente per essere definitiva. [...] Raffaella, ieri notte, uccide il suo bambino. Poi lo guarda e lo accarezza. Vaga stranita da una stanza all'altra nei lunghi minuti [...].

L'impostazione letteraria è evidente sin dall'attacco interrogativo-narrativo, che assume, con una focalizzazione interna, il punto di vista della vittima: le *nuvole nere* rappresentano, con un'immagine infantile, la crisi depressiva della madre (si veda un frammento di un classico della letteratura per ragazzi, il *Tom Sawyer* di Mark Twain: «povera bambina, non sapeva quali neri nuvoloni stavano radunandosi sopra la sua testa!»); anche la similitudine *come un bambolotto* è tratta dall'immaginario del bambino, come pure la *dolce ninna nanna* e il fiabesco *scoccata mezzanotte*; un particolare introdotto dal cronista solo per verosimi-

glianza narrativa (non certo sulla scorta di dati oggettivi) è la descrizione della madre che *vaga stranita* dopo l'omicidio. Le "5 W" sono distribuite secondo le esigenze dell'*intreccio*; il *chi* è ritardato, e anche il *cosa*, pur anticipato nel titolo, è introdotto da particolari che descrivono lo sfondo dell'azione e ne accentuano la drammaticità; il *dove* e il *quando*, già ricavabili da occhiello e data, compaiono piuttosto avanti, con un'incidentale che suggerisce (per inferenza) un'analisi psico-sociologica piuttosto che una vera indicazione geografica; infine il *why*, presentato subito in modo immaginoso (*nuvole nere*) è reso in modo esplicito solo nella seconda metà dell'articolo. Prima della svolta impressa dalla settimanalizzazione degli anni settanta del Novecento, un articolo del genere avrebbe avuto un aspetto molto diverso: le "5 W" sarebbero state immediatamente esplicitate, la vicenda sarebbe stata descritta con formule stereotipiche (*tragedia della follia*, *agghiacciante sciagura*) e con prelievi dai referti medici e giudiziari (nel nostro testo sostituiti da espressioni generiche); i personaggi sarebbero stati indicati con il cognome o con coesivi di larga prevedibilità (*la Paradiso*, *la donna*, *la poveretta*); notiamo invece come nel 1998 la protagonista è menzionata la prima volta con il nome e cognome, poi solo con il prenome *Raffaella* o con il pronome personale *lei*; anche qui abbiamo una tecnica di assunzione del punto di vista dei protagonisti.
Un espediente per vivacizzare la cronaca e dare un effetto di realtà e di presa diretta alla narrazione è l'uso del discorso diretto. Già consistente negli anni cinquanta e sessanta, il tasso di battute in discorso diretto è nettamente aumentato negli ultimi anni, portando con sé «alcuni usi tipici della simulazione del parlato: interiezioni e intercalari discorsivi, elementi dialettali, espressioni colorite fino al turpiloquio. Per vivacizzare gli articoli, si gioca sulla continua alternanza tra discorso del giornalista e discorso riportato» (Antonelli, 2007, p. 96).
L'abuso delle virgolette si spinge spesso fino a costruire quello che Dardano ha efficacemente chiamato "mosaico di citazioni" (1986, p. 469), funzionale a dare al lettore l'impressione che la battuta sia colta in situazione, strappata al personaggio pubblico o al passante nel vivo della scena, tanto che l'articolo può essere aperto direttamente da una frase tra virgolette, cui poi ci si ricollega con un pronome usato come connettivo anaforico: "[...] *lo* ha detto X", " [...] *queste* sono state le paro-

le di X". Siamo così in bilico tra l'informazione e la manipolazione: Bice Mortara Garavelli (1995, pp. 58 e 61) osserva che «il discorso diretto si presta alla mistificazione in modo più brutale dell'indiretto»; i frammenti di discorso diretto «omologati alla struttura narrativa che li incornicia» sarebbero un'«esibizione di fedeltà» di cui sono garanti, appunto, le virgolette. Se poi il giornalista, nell'esibire il discorso riportato, non distingue con chiarezza la propria posizione di semplice *enunciatore*, provoca una doppia distorsione: da una parte, infatti, realizza quello che Loporcaro (2005) chiama uno "scarico di responsabilità", accreditando come degne di fede affermazioni altrui, dall'altra offre a queste la propria autorevolezza (il giornalista è sempre un garante di attendibilità, a causa del suo *contratto* con il lettore). Nella cronaca narrativizzata, il discorso diretto può addirittura trasformarsi in *discorso indiretto libero*, una tecnica sviluppata nell'Ottocento dal realismo e dal verismo per nascondere la voce narrante e fonderla con quella dei personaggi: l'effetto di realtà è, in questi casi, ancor più potente, ma la «dissoluzione dell'identità della voce di chi porge la notizia» produce un definitivo e pericoloso scarico di responsabilità (cfr. ivi, pp. 105, 118 ss.).
In realtà, il discorso diretto non è di per sé un male, purché sia funzionale alla chiarezza dell'esposizione e non cada nell'eccesso di «frammentare, stemperare e dilatare il contenuto e l'informazione in un continuo avvicendamento di discorso diretto e scrittura redazionale, non sempre ben distinti tra loro, a scapito della leggibilità e della sintesi» (Bonomi, 2002, p. 50). Può essere utile, per esempio, nel *resoconto* (tipicamente giudiziario), un tipo particolare di articolo di cronaca che segue un fatto durante il suo svolgersi temporale: «il migliore resoconto di un avvenimento, dal punto di vista sia etico che narrativo, è proprio quello realizzato collegando racconti di una serie di testimoni in una successione di frasi virgolettate e ben coordinate» (Rizza, 2003, p. 166).

4.3. L'articolo di approfondimento Da quando il quotidiano a stampa ha perso il primato nella diffusione delle notizie, e soprattutto oggi, con la distribuzione dell'informazione su numerosi canali, gran parte degli articoli dei principali giornali in edicola è dedicata ad approfondire e commentare le notizie. Il ruolo del commento è per tradizione affidato all'*editoriale*, che occupa in genere la prima colonna di spalla a sinistra e spesso non è firmato (e quindi attribuibile al direttore, con un annullamento della distinzione tra «enunciazione della testata ed enunciatore delegato», cfr. Lorusso, Violi, 2004, pp. 59 ss.). Gli articoli di commento dei quotidiani italiani tendono a non rispettare la regola anglosassone di separare i fatti dalle opinioni. Prima di esprimere il proprio giudizio, un buon commentatore dovrebbe presentare i dati in modo obiettivo; vediamo quali soluzioni può adottare seguendo i consigli di Tarantini (1998, p. 81):

a) mettere a confronto le varie fonti, dando a ognuna il suo "nome e cognome":
Il governo ha varato ieri una Finanziaria da 25 miliardi di euro, che non piace alla Confindustria, ma ha avuto un'approvazione calorosa dai sindacati.
b) dare spazio autonomo, nello stesso articolo, a ognuna delle fonti:
«Sarà una rovina per i bilanci delle nostre imprese», ha dichiarato il presidente della Confindustria. «Finalmente i redditi dei lavoratori sono stati protetti», ha affermato il segretario generale della CGIL. «Una Finanziaria sul filo del rasoio», l'ha definita ieri sera il presidente del Consiglio, dopo aver fatto approvare ai suoi ministri una manovra da 25 miliardi.
c) scrivere articoli differenti per ogni fonte (è la cosiddetta *notizia frammentata*).

Vediamo ora come si può cambiare il punto di vista. Una prima soluzione, sconsigliabile ma purtroppo molto praticata, è quella di assumere la prospettiva di una delle fonti criticando le altre:

1 - È stato molto faticoso per il presidente del Consiglio varare la manovra di aggiustamento da 25 miliardi di euro ma, nonostante il consenso caloroso dei sindacati, resta l'amarezza di una classe confindustriale che non ha capito lo sforzo e ha bocciato senz'appello la Finanziaria.
2 - Sono amareggiati, gli industriali, dopo il varo della manovra di bilancio. Tutti gli incontri, e il confronto serrato durato settimane, non sono serviti a modificare la filosofia del documento, che recupera 25 miliardi di euro, danneggiando le imprese con nuove tasse e aggravi, e favorendo i redditi attraverso misure demagogiche e assistenziali.

Nelle due versioni il giornalista abbraccia la posizione, rispettivamente, del governo e degli industriali, offrendo di volta in volta al lettore l'interpretazione delle diverse parti in gioco. Assistiamo così a quella che

Travaglio (2007) ha chiamato la "scomparsa dei fatti" a vantaggio delle opinioni. Una soluzione diversa è quella di presentare le stesse notizie con distacco, in modo da ottenere un effetto di maggiore obiettività:

«È stato molto faticoso», ha detto il presidente del Consiglio, «varare la manovra di aggiustamento».
Sono amareggiati, gli industriali, secondo il loro portavoce Sergio Pininfarina, dopo il varo della manovra di bilancio.

In questi ultimi esempi, il giornalista si pone in una posizione neutrale rispetto alle affermazioni dei vari personaggi coinvolti nella vicenda, ricorrendo al virgolettato o prendendo chiaramente le distanze (un mezzo molto diffuso è il condizionale di dissociazione: «il ministro *avrebbe* criticato l'azione dei sindacati»).
Gli esempi suggeriti da Nadia Tarantini sono istruttivi ma costruiti; è raro che in giornali di tendenze diverse i fatti siano presentati in modo così smaccatamente parziale. Prendiamo in esame un caso reale. Il 13 marzo 2007 viene reso pubblico il testo dell'esortazione apostolica di papa Benedetto XVI ai vescovi, dopo il sinodo svoltosi nell'ottobre 2005. Il testo, intitolato *Sacramentum caritatis*, tratta in modo approfondito il sacramento dell'eucaristia, tema centrale del sinodo, nelle sue valenze relative alla liturgia e alla vita della comunità ecclesiale ma anche nelle sue implicazioni per i credenti cattolici. Tra i molti argomenti affrontati, c'è anche un riferimento esplicito alla funzione dei politici cattolici nella vita pubblica; il paragrafo 83 recita (con qualche taglio ininfluente):

«La nostra esistenza è oggettivamente chiamata alla "coerenza eucaristica" [...]. Il culto gradito a Dio [...] richiede la pubblica testimonianza della nostra fede» e questo principio «s'impone con particolare urgenza nei confronti di coloro che, per la posizione sociale o politica che occupano, devono prendere decisioni a proposito di valori fondamentali, come il rispetto e la difesa della vita umana, dal concepimento alla morte naturale, la famiglia fondata sul matrimonio tra uomo e donna, la libertà di educazione dei figli e la promozione del bene comune in tutte le sue forme. Tali valori non sono negoziabili». I politici sono chiamati «a presentare e sostenere leggi ispirate ai valori fondati nella natura umana».

Queste parole sono state subito interpretate come un attacco ai cosiddetti DiCo (sigla tratta dal titolo del disegno di legge sui *Diritti e doveri delle persone stabilmente conviventi*, presentato il 18 febbraio 2007 dalle ministre Rosy Bindi e Barbara Pollastrini); l'eco del documento è immediata e occupa l'apertura di tutti i quotidiani del giorno dopo (14 marzo).
Vediamo come l'intervento papale viene descritto dall'"Unità", che dà voce al principale partito di maggioranza, i Democratici di Sinistra:

Titolo (su sei delle sette colonne): Richiamo del Papa ai politici cattolici.
Sottotitolo: Famiglia e vita, Ratzinger fa appello a non votare leggi «contro natura». «Pensate alla vostra coscienza». A messa più latino e canti gregoriani.

Al documento è dedicata tutta la terza pagina, con vari articoli lanciati da un breve anticipo in prima. Il tono è più polemico sin dal titolo centrale: «Non votate leggi contro natura»; il sottotitolo si apre così: *Diktat del Papa ai politici cattolici* [...]. Nel commento di Roberto Monteforte leggiamo:

Il Papa non cita i DiCo, ma nella sua "Esortazione" insiste molto sulla difesa della famiglia tradizionale [...]. Un pronunciamento che, anche se non rivolto esplicitamente ai politici italiani, ma con respiro universale, finisce per pesare sulla scena politica.

I toni sono solo leggermente meno duri sul "Corriere", che tuttavia ripete nella titolazione l'espressione "contro natura" ed è addirittura più esplicito dell'"Unità" nell'interpretazione:

Occhiello: Richiamo sui DiCo. Monsignor Fisichella e il family day: riempiremo piazza San Giovanni.
Titolo: Il Papa ai cattolici: no a leggi contro natura.
Sottotitolo: «Rispettare i valori non negoziabili come la famiglia, i politici siano coerenti» / Critiche da sinistra: ingerenza. Grillini: i gay non chiedono nozze e adozioni.

L'anticipazione in prima pagina parla di «Affondo di Benedetto XVI sui politici cattolici: non devono votare leggi contro "la natura umana"» e aggiunge: «Inoltre il Pontefice ha ribadito che la Chiesa "non ammet-

te" ai sacramenti, ad esempio l'Eucaristia, i divorziati risposati». Il quotidiano milanese dedica tutte le prime sei pagine ad approfondire il tema (con il titolo corrente *primo piano*), concentrandosi solo sul paragrafo della discordia e riassumendo le reazioni dei politici di centrosinistra con il titolo di pagina 6: *L'Unione: pressing indebito, Stato laico minacciato*, dove l'anglicismo calcistico *pressing* è l'ennesimo sinonimo usato per riferirsi polemicamente all'esortazione del papa.
Infine l'"Avvenire", quotidiano cattolico diffuso e influente, che riflette le posizioni della Conferenza episcopale italiana. La prima pagina annuncia, all'interno, il testo completo del documento del papa, ma senza alcun riferimento al tema che ha colpito gli altri due quotidiani: una foto a colori del papa intento a scrivere su una pagina bianca (come la sua veste, il tavolo e lo schienale del divano su cui è seduto) è accompagnata dalla frase «Eucaristia / culmine della vita». Nessun riferimento a politici cattolici, coppie di fatto, difesa della famiglia, neppure nei titoli delle pagine interne. Ecco quelli dell'articolo principale di pagina 7:

Occhiello: *il fatto* / Il nuovo documento di Ratzinger raccoglie e rielabora le indicazioni dei vescovi da tutto il mondo che un anno e mezzo fa si erano riuniti a Roma per confrontarsi sul sacramento del Corpo e del Sangue di Cristo.
Titolo: Eucaristia, il cibo della verità.
Sottotitolo: «Sacramentum Caritatis» s'intitola l'Esortazione apostolica postsinodale del Papa / presentata ieri in Vaticano dal cardinale Angelo Scola e dall'arcivescovo Nicola Eterovic.

Come si vede, una presentazione referenziale, descrittiva, e che non tocca i punti scottanti del documento, al punto che il lettore potrebbe non comprendere il sottotitolo dell'articolo di taglio basso, intitolato semplicemente *Messaggio di grande valenza*:

Apprezzamenti "bipartisan" fra i politici italiani. Ma c'è anche chi grida alla "lesa laicità" dello Stato.

Solo andando più a fondo nella lettura dell'articolo centrale, firmato da Mimmo Muolo, troviamo un capoverso dedicato a *La coerenza eucaristica dei politici cattolici*:

Commentando ad esempio il paragrafo che invita i politici credenti a presentare leggi ispirate ai valori non negoziabili, Scola ha ricordato: «un vescovo non risponderebbe fino in fondo alla sua missione se non richiamasse tutti, in particolare i politici, al fatto che hanno il dovere di conformare la propria coscienza rendendola netta attraverso il paragone con la verità».

Qualche rapida osservazione: l'"Avvenire" parla dell'intervento del papa come *documento* ed *esortazione* e, a proposito del paragrafo dedicato ai *politici credenti*, usa le perifrasi verbali *che invita* e *se non richiamasse*, che attenuano l'impatto del testo papale (nel secondo caso addirittura volgendo in ipotesi una formulazione che sarebbe stata ben più netta nella sua formulazione diretta: «la missione di un vescovo è di richiamare tutti al dovere ecc.»). Le parole del testo sulle leggi «ispirate ai valori non negoziabili» sono sintetizzate rispettandone la sostanza; diversamente, "Unità" e "Corriere" parlano di *leggi contro natura*, attribuendo l'espressione – che invece non compare affatto in questa forma – al documento, cui ci si riferisce con le parole *richiamo*, *fa appello*, *Diktat*, *pronunciamento* ("Unità"), ancora *richiamo* e *affondo* ("Corriere"). Il tiro si corregge un po' solo all'interno degli articoli o delle anticipazioni (si veda il virgolettato più onesto del "Corriere": «non devono votare leggi contro "la natura umana"» e l'ammissione del vaticanista dell'"Unità": «Il Papa non cita i DiCo [...] anche se non rivolto esplicitamente ai politici italiani»).
Un buon editoriale deve avere una solida struttura logico-argomentativa e saper usare gli strumenti della retorica; in genere si compone di tre parti, un tema iniziale, spesso brillante e allusivo, uno sviluppo nel quale prevalgono gli artifici dell'argomentazione, le conclusioni. È inoltre scritto per poter essere compreso a più livelli: da chi non sa nulla (o sa poco) dei fatti; da chi ne sa qualcosa, ma ha piacere di saperne un po' di più; ma anche da chi sa già tutto, come i politologi, gli stessi attori della battaglia politica, che devono saper coglierne i "messaggi trasversali", dal momento che chi scrive – specie se dirige un grande quotidiano nazionale – possiede un enorme potere di influenza sui propri lettori.
Proviamo ora a leggere e a commentare un editoriale scritto, nella prima pagina di domenica 4 settembre 2005, da un acuto commentatore politico del "Corriere", lo storico Ernesto Galli della Loggia:

Titolo: Il silenzio di Forza Italia.

Sottotitolo: Nessuna discussione di fronte alla crisi.

[*a*] Da settimane accade in Italia qualcosa di straordinario che ha ben pochi precedenti nelle cronache dei Paesi occidentali. C'è un partito di maggioranza di governo che con tutta evidenza è alle prese con un calo fortissimo di immagine e di consensi, sino al punto che è nelle previsioni generali la sua sconfitta alle prossime elezioni; ci sono poi gli alleati di quel partito che, alcuni esplicitamente altri no, esprimono in gran numero preoccupazione e sfiducia nei confronti suoi e del suo leader chiedendo un cambiamento di rotta se non misure anche più drastiche; ancora: c'è un governo – di cui quel partito e i suoi uomini sono parte determinante – che anch'esso è sotto pressione e sotto accusa perché ritenuto, da parte dei suoi stessi sostenitori, responsabile del calo di consensi di cui sopra; e infine c'è il capo di quel partito che affettando la massima noncuranza di fronte alle critiche dei suoi alleati e alle pessime previsioni elettorali assicura che no, che si tratta di semplici tempeste in un bicchier d'acqua e che alla fine, non si sa come, tutto si sistemerà per il meglio.

[*b*] Bene: nel nostro Paese c'è esattamente tutto quello che ho detto, ci sono il partito di maggioranza e di governo e il suo leader alle prese con i problemi sopraccennati, ed ecco la cosa straordinaria che accade: dentro quel partito nella tempesta, cioè dentro Forza Italia, non si leva la minima voce di perplessità o di dissenso, non si sente l'eco della minima discussione, nessuno osa non dico una critica ma neppure una proposta o un suggerimento per uscire dalla crisi. Niente: in qualunque altro Paese a quest'ora ci sarebbero dibattiti e polemiche accesissime, richieste ultimative di cambiamenti, i deputati peones in rivolta per la prospettiva di non essere rieletti: da noi invece nulla di tutto questo. In Forza Italia sembra esserci posto solo per il silenzio dei cimiteri.

[*c*] È la riprova del carattere assolutamente anomalo di questa formazione "politica" (le virgolette sono di rigore), cioè di un partito paradossale che ignora tutte le categorie della politica, a cominciare da quella della discussione e del dibattito, cioè gli strumenti classici per l'individuazione di personalità capaci di visione e di leadership. In Forza Italia, invece, tali capacità sono supposte esistere solo in Silvio Berlusconi e in coloro che egli, a suo insindacabile giudizio, indica: secondo un modello, cioè, che più che un partito ricorda il califfato.

[*d*] Le due conseguenze gravi sono proprio oggi sotto gli occhi di tutti. La prima è che in questo modo un partito esistente da oltre dieci anni e con responsabilità di governo è di fatto privo di una classe politica degna di questo nome: al suo interno contano qualcosa solo gli yes men e soltanto finché restano tali. Ne deriva un terribile isola-

mento del suo leader, di Berlusconi, il suo essere tagliato fuori da ogni rapporto reale con il Paese e l'impossibilità che ne deriva di una qualunque correzione della sua linea: se Berlusconi decide di precipitare nell'abisso non c'è niente da fare: si precipita tutti nell'abisso. La seconda, analoga conseguenza è che qualunque alleato critico di Forza Italia e/o del premier (oggi per esempio l'UDC) non riesce mai a trovare alcuna sponda in quel partito, nessun interlocutore, e dunque alcun esito possibile alla propria critica se non la rottura e la fine dell'alleanza ovvero il nulla di fatto e da ultimo la sottomissione.

Grazie agli accapo, distinguiamo chiaramente quattro capoversi, più corposi agli estremi (186 e 163 parole), più asciutti al centro (129 e 86 parole). Nella frase di attacco, il tema e la valutazione sono anticipati, creando un effetto d'attesa («qualcosa di straordinario che ha ben pochi precedenti»), subito risolto nella presentazione analitica dell'argomento centrale, in quattro parti scandite da una serie di *c'è* presentativi e da avverbi temporali (*poi*, *ancora*, *infine*, in sequenza gerarchica); ciascun membro del capoverso ha un'analoga struttura: «c'è X [...], che»; all'interno di questo schema i vari "personaggi" della vicenda sono presentati disponendoli in una rete sorretta da aggettivi dimostrativi (*un partito*, *gli alleati di <u>quel</u> partito*, *un governo*, *il capo di <u>quel</u> partito*) e possessivi (*la <u>sua</u> sconfitta*, *nei confronti <u>suoi</u> e del <u>suo</u> leader*, *i <u>suoi</u> uomini*, *dei <u>suoi</u> stessi sostenitori*, *dei <u>suoi</u> alleati*); un espediente tipico della scrittura argomentativa è il rinvio interno all'indietro (*responsabile del calo di consensi <u>di cui sopra</u>*). Facciamo attenzione anche al fatto che tanto il partito quanto il leader di cui si parla non sono ancora stati nominati in modo esplicito, anche se a evocarli pensa il titolo (*Il silenzio di Forza Italia*). Il secondo capoverso si apre con un avverbio (*Bene*) che ha valore conclusivo e al tempo stesso d'apertura, poiché introduce una sintesi di quanto detto (si notino i due punti) e si aggancia a un'altra espressione avverbiale (*ed ecco*), anche questa seguita dai due punti. Notiamo il parallelismo con la frase d'attacco del primo capoverso (*<u>accade</u> in <u>Italia</u> <u>qualcosa di straordinario</u>* / *Bene: nel <u>nostro Paese</u>* [...] *ed ecco la <u>cosa straordinaria</u> che <u>accade</u>:*). Compare finalmente il protagonista della vicenda (*quel partito* [...] *cioè Forza Italia*) e compare la cosa straordinaria (in effetti anticipata dal sottotitolo), l'assenza di dissenso, di discussione interna, di critiche, che appare incredibile al commentatore, anche a paragone di quanto avverrebbe «in qualunque altro Paese» (come già anticipato all'avvio di [*a*]). L'accapo segna il passaggio alla seconda sezione, dedicata al commento vero e proprio, e ha una forte funzione coesiva, permettendo all'autore di cominciare con un riassuntivo *È la riprova* (cioè «[tutto quanto detto fin qui] è la riprova») che a sua volta dà l'avvio all'analisi («è la riprova [di cosa?]: del carattere anomalo di questa formazione», dove si osservino il dimostrativo e la ripresa, con un sinonimo, del tema "partito"). Esposta la propria analisi dei fatti, in modo sintetico e con un netto giudizio polemico-valutativo, Galli Della Loggia può concludere, suggerendo al lettore quali sono le *conseguenze* (*due* e *gravi*). Notiamo che l'opinione è presentata non come tale, cioè come attribuibile all'autore, ma come il risultato evidente («sotto gli occhi di tutti», e si rilegga il «con tutta evidenza» del paragrafo di apertura) di un ragionamento costruito, come abbiamo visto, con molta sapienza argomentativa. Così come sapiente è la presentazione delle due conseguenze («La prima è che [...] La seconda è che»), che a loro volta si frangono in due esiti («Ne deriva [...] e dunque alcun esito possibile»).

Fin qui, la struttura argomentativa. Sul piano della forma, notiamo un prevalere di periodi brevi, o di periodi un po' più ampi ma con scarsa profondità di subordinazione, secondo un modello di sintassi "in movimento" che Riccardo Tesi ha brillantemente individuato in un suo recente lavoro (Tesi, 2006, pp. 230-1): «due o più principali coordinate che controllano ciascuna una o due subordinate» (quasi sempre relative); di «sostanziale subordinazione rifiutata nella forma» parla Ilaria Bonomi (2002, p. 51) riferendosi a uno studio di Francesco Sabatini; l'architettura equilibrata dell'argomentazione è spezzata da frequenti incisi, un espediente in espansione anche nella scrittura in rete (cfr. PAR. 5.2) ma contrario alla fluidità dell'argomentazione; lo stile brillante si svela soprattutto nell'introduzione di nessi imitativi del parlato – i vari connettivi avverbiali già citati, gli autocommenti «nessuno osa non dico una critica ma neppure [...].»; «questa formazione "politica" (le virgolette sono di rigore)» ecc. –, le osservazioni lapidarie in stile nominale («Niente.»; «da noi invece nulla di tutto questo»), gli inserti discorsivi non virgolettati («il capo di quel partito che assicura che no [...]», quasi un discorso indiretto libero); ma non mancano scelte più

colte (le infinitive «sembra esserci posto» e «tali capacità sono supposte esistere»). Al tempo stesso, il lessico non è banale e allinea, pur in un complessivo contesto medio (*sotto pressione*, *si sistemerà*), termini ricercati (*affettando*, *sopraccennati*, *anomalo*, *ultimative*, *visione*; si noti anche il pronome soggetto *egli*), vari forestierismi (dai più prevedibili *leader*, *premier* e *leadership* ai meno ovvi *yes men* e *peones*) e alcuni motivi figurali ben distribuiti: le «tempeste in un bicchier d'acqua» di [*a*] sono riprese in [*b*] («partito nella tempesta») e trovano adeguata conclusione in [*d*] («si precipita tutti nell'abisso»); i due capoversi centrali si chiudono con l'immagine del *silenzio dei cimiteri* e con il paragone del potere di Silvio Berlusconi a un *califfato*.
Negli ultimi anni il giornalismo di approfondimento ha ripreso quota, anche se più in televisione che sulla carta stampata e declinato secondo nuovi formati, ibridi tra narrazione e documentazione (cfr. Bianda, in Sorrentino, 2003, pp. 245 ss.); alcuni di questi, più che di approfondimento si dovrebbero definire "di alleggerimento" (Tarantini, 1998), per il modo superficiale e spettacolare con cui trattano i fatti.

4.4. L'intervista Come abbiamo già avuto modo di osservare, i quotidiani di oggi fanno ricorso molto più che in passato al discorso diretto, facile espediente di vivacizzazione e di esibizione di realtà e di immediatezza. L'intervista costituisce, sotto questo aspetto, il mezzo più efficace per contrastare la televisione; rispetto al flusso tipico dell'informazione televisiva, il giornale ha il vantaggio di una maggiore durata nel tempo, e quindi può ricorrere all'intervista per attirare l'attenzione, creare casi da sfruttare per un certo tempo e suscitare polemiche. I giornali dell'era della televisione (cfr. PAR. 1.3) imitano il medium concorrente anche nelle interviste brevi, basate su battute estemporanee di politici, personaggi dello spettacolo o, anche, di gente comune che "dice la sua" sul tema del momento. Nel segno dell'improvvisazione e del sensazionalismo, si dimenticano le regole basilari per realizzare una buona intervista: documentarsi bene sull'intervistato, preparare prima le domande, non essere aggressivi ma neppure troppo accondiscendenti. Una buona sintesi su questi temi è fornita da Rizza (2003), che seguiamo con qualche integrazione e con alcuni esempi.
La prima regola è la preparazione, realizzata anche con l'aiuto dei colla-

boratori di redazione; la documentazione è una garanzia fondamentale nei confronti del lettore, perché permette all'intervistatore di formulare domande non banali e di replicare di fronte a risposte manifestamente false o elusive. «Se a una richiesta di chiarimento essenziale l'intervistato non risponde, la richiesta va ugualmente inserita nel testo da pubblicare. Servirà a chiarire che il giornalista ha fatto il suo dovere e non si è messo nella posizione di semplice portavoce» (ivi, p. 170); purtroppo, i giornali italiani soffrono di un'antica sudditanza verso il potere politico ed economico. Fiori (2002, p. 532) osserva che le interviste ai personaggi dell'economia possono apparire «all'osservatore esterno come impostate in modo tale da offrire all'interlocutore uno spazio per il proprio commento, e non al fine di ottenere precise informazioni sottoponendo l'intervistato a domande puntuali e, se necessario, incalzanti».

Nel preparare le domande, bisogna ricordare che l'intervistato dovrà parlare di ciò che sa, e che l'intervistatore deve restare il più possibile nell'ombra, non ostentare la propria bravura o sovrastare l'interlocutore. Perciò, le domande devono essere brevi e occorre evitare quelle cui si potrebbe rispondere con un monosillabo o con un'ovvietà; naturalmente nell'intervista reale si potranno aggiungere domande ispirate dallo sviluppo del discorso. Le cosiddette "domande cattive" spesso consentono all'intervistato di «toccare argomenti che non abborderebbe senza sollecitazione, volgendoli facilmente a suo favore» (Rizza, 2003, p. 169). Decisamente scorrette, infine, sono le interviste in cui c'è uno «scarico di responsabilità» (cfr. PAR. 4.2), con domande apparentemente maliziose come "X ha scritto (ha detto) che il suo libro è fazioso / che la sua trasmissione è imbecille ecc." oppure quelle in cui gli argomenti dell'intervistato passano in secondo piano rispetto alle polemiche che hanno suscitato.

Il tono usato è un'importante cartina di tornasole della professionalità del giornalista: l'intervista "in ginocchio" ai potenti può risultare altrettanto irritante dello sfoggio di aggressività che chiude ogni spiraglio al dialogo costruttivo o, ancora, della familiarità cameratesca (tra colleghi o amici) o, peggio, artefatta; il giornalista professionale deve sempre ricordare che «L'intervista non è un complice colloquio tra intimi ma un garbato interrogatorio condotto a nome dell'opinione pubblica».

Userà dunque preferibilmente il *lei*, eviterà di confondere il proprio punto di vista con quello del lettore o, peggio, dell'intervistato (cfr. Loporcaro, 2005, pp. 129-30) e difenderà così la propria autonomia, con la consapevolezza del suo ruolo pubblico, in ossequio al monito a «tenere la schiena dritta», che Ciampi rivolse ai giornalisti durante la sua presidenza della Repubblica (dicembre 2004). La registrazione completa dell'intervista permetterà di replicare a eventuali smentite.

Molto delicata è la fase della stesura. Non è male far precedere le domande da un breve riassunto del contenuto (il lettore può essere interessato anche solo all'ultima parte del testo) e da un ritratto dell'intervistato; il quale ha il diritto di leggere le parti virgolettate prima che vadano in stampa, per evitare che il senso di quanto ha affermato possa essere frainteso a causa degli inevitabili tagli o ritocchi.

Sul piano strettamente linguistico, negli anni ottanta si sviluppa un «nuovo stile dell'intervista e, più generalmente, del dialogo» caratterizzato da «nuovi procedimenti e formule di avvio, svolgimento e conclusione del discorso» influenzati dal linguaggio più spigliato di radio e televisione (Dardano, 1986, p. 463). Dobbiamo dare per scontato che il testo che si legge nel quotidiano non riproduce tutte le caratteristiche reali del parlato faccia a faccia, intanto perché non si tratta quasi mai di parlato veramente spontaneo (l'intervistato può conoscere, in parte o in tutto, le domande che gli verranno proposte, o prevederle), ma soprattutto perché il giornalista ripulisce il testo (in gergo lo "cucina") dai fenomeni tipici dell'interazione parlata: ripetizioni, esitazioni, false partenze, sconcordanze e incertezze sintattiche. Questa ripulitura, tuttavia, può essere anche una rassettatura stilistica; Eugenio Scalfari, per esempio, ammetteva francamente che «La lingua dei politici è semplicemente brutta: frasi mal costruite, abuso di termini gergali, salti logici che spesso denunciano una sorta di difficoltà del pensiero a tener dietro alle parole. Il compito del giornalista è quello di risciacquare i panni sui tasti della macchina da scrivere»; è chiaro che l'effetto di significato finale sarà ben diverso da quello proprio del testo primario (Dardano, 1986, p. 471, da cui è tratta la citazione).

Per converso, il giornalista potrà introdurre artificialmente tratti che diano al lettore l'impressione della vivacità del parlato spontaneo, dosandoli con maggiore o minore intensità a seconda dell'argomento trattato, dell'importanza delle cose dette o dell'atteggiamento – più o meno formale – verso l'interlocutore (cfr. Serianni, 2000, pp. 321 ss.; Serianni, 2007, pp. 180 ss.). Il modo «più economico per riprodurre i ritmi del parlato» è l'introduzione di *interiezioni* (quasi sempre come *indicatori fàtici* di presa del turno di parola) o di altri segnali discorsivi di commento o di sfumatura (D'Achille, 2003, p. 175), distinti tra quelli non lessicali, come *ah*, *beh*, *mah*, e quelli lessicali, quasi sempre forme cristallizzate di imperativi di verbi di percezione (*vede*, *guardi*, *senta*), oppure avverbi o locuzioni avverbiali di affermazione o negazione (*già*, *sicuro*, *ma no*, *certo che no*, *ma vogliamo scherzare*) o anche indicanti sorpresa o dubbio (*ma dai*, *ma va?*; negli ultimi anni sono in aumento le grafie univerbate, che danno un effetto di maggiore verosimiglianza: *maddai!*, *massì!*).

La scarsa progettazione sintattica tipica del parlato è mimata dai puntini di sospensione; l'«incompiutezza della frase» può essere creata ad arte, tagliando una risposta troppo lunga, per simulare la vivacità dello scambio, in cui l'interlocutore (Serianni, 2000, p. 325)

chiede una precisazione o muove un'obiezione; oppure per indicare che la frase è stata lasciata in sospeso dal punto di vista prosodico, come avviene abitualmente nell'interazione dialogica, che si articola spesso in frasi "aperte", cioè intonate in modo tale da ammettere - anche in base alle reazioni mimiche dell'interlocutore - una conclusione diversa da quella progettata inizialmente dal parlante.

Un altro segnale dell'apertura verso il parlato sono i costrutti di *sintassi marcata*, nei quali, cioè, l'ordine lineare delle parole viene modificato per mettere in rilievo un elemento del discorso cui si vuol dare particolare risalto. Seguendo la descrizione di D'Achille (2003, pp. 148-55), esemplifichiamo i costrutti più significativi e frequenti, cioè le *dislocazioni*, i *temi sospesi* e le *frasi scisse*:

dislocazione con ripresa del tema mediante un pronome clitico (cioè che non ha accento proprio ma si appoggia alla parola precedente o a quella successiva):

dislocazione a sinistra: ***a me**, nessuno **mi** ha detto niente*; ***di questo**, noi due **ne** abbiamo parlato a lungo*

dislocazione a destra: ***ne** abbiamo già parlato, **di questo***; *non **ci** vado quasi mai, **al cinema**.*

L'intonazione e il contesto pragmatico possono anche spingere il parlante a omettere la ripresa pronominale:

Il caffè, **lo** preferisco amaro > il caffè, amaro (dislocazione a sinistra)
Lo preferisco amaro, il caffè > amaro, il caffè (dislocazione a destra).

Queste frasi sono dette anche *frasi segmentate*, perché appaiono come divise in due segmenti; nel parlato esiste una struttura simile alla dislocazione a sinistra, in cui però l'elemento anticipato non è legato sintatticamente al verbo; è il cosiddetto *tema sospeso*, categoria in cui si fanno rientrare anche i costrutti aperti da un infinito ripreso poi da una forma finita dello stesso verbo:

A Giorgio non gli ho detto niente = dislocazione a sinistra
Giorgio, non gli ho detto niente = tema sospeso
Dormire, non ho dormito; studiare, Sara ha studiato = tema sospeso.

In questo tipo di costrutto, il tema può anche essere ripreso con un pronome tonico, consentendo di costruire come temi sospesi anche i soggetti, che non hanno pronomi clitici:

*Il padre, **lui** non ne sapeva niente.*

La *frase scissa* è così chiamata perché estrae un elemento dalla frase "normale" sdoppiandola in una frase principale retta dall'ausiliare *essere* e in una subordinata relativa che dà l'informazione aggiuntiva:

Marco mi ha prestato il libro > ***è Marco che*** mi ha prestato il libro.
La polizia ha scoperto che i ladri erano ancora nella banca > ***quello che*** ha scoperto la polizia ***è che*** i ladri erano nella banca.

Nel parlato, è usata soprattutto per mettere in rilievo una negazione o un'intera proposizione, nelle domande aperte da un avverbio interrogativo o dalla negazione:

Non è che non mi piaccia, è che mi sono stufato!; dov'è che vai?; non è che avresti una sigaretta?

La simulazione del parlato può essere anche ottenuta sostituendo, nelle didascalie che aprono o chiudono le parti virgolettate, i *verbi di dire* più banali (*dice*, *risponde*, *afferma*, *dichiara*, *sostiene* ecc.) con verbi o altre perifrasi espressive (*esplode*, *rimpalla*, *frena*, *la butta a ridere* ecc.) che aggiungono sfumature di significato o di atteggiamento alle frasi riportate (Dardano, 2002, pp. 258 ss.). Può infine servire la riproduzione – anche approssimativa – della fonetica dialettale, l'inserzione di popolarismi sovraregionali (*'sto* per *questo*), addirittura l'alterazione grafica (*Cooosa?*, *Nooo!*) per riprodurre «un particolare picco fonetico prosodico»; in questa ricerca di messa in scena del dialogo «non si notano apprezzabili differenze tra una testata e l'altra e non sembra significativo [...] che la gran parte delle interviste riguardi esponenti politici» (Serianni, 2000, p. 324).
Dalla "Stampa" del 5 dicembre 2006 proponiamo, con qualche taglio, il testo di un'intervista a un agente di pattuglia della polizia, in sciopero con i colleghi per l'aumento degli stipendi e dei fondi destinati alle forze dell'ordine.

Claudio è un agente di quelli che pattugliano la città di notte e di giorno, sempre due in macchina, divisa di panno blu e pistola alla fondina. La radio gracchia e loro corrono con il cuore in gola. Claudio da venti anni trascorre sei ore della sua giornata dentro la macchina della polizia in giro per Torino. E spesso, troppo spesso pensa che è un dannato mestiere e che se fosse per quello stipendio che gli dà lo Stato...
Vicesovrintendente, quanto guadagna un sottufficiale con venti anni di servizio?
Cominciamo con le note dolenti, eh? Questa è la mia busta. Un agente di polizia al netto guadagna, di solo stipendio, intorno ai 1.300 euro al mese. [...]
Bene, lo stipendio è questo. Problemi a fine mese?
Diciamo che il disagio è aumentato. Il carovita dell'euro lo conosciamo tutti. Se poi hai da pagare un affitto o un mutuo, meglio se è il mutuo... Ma non mi va di piangermi addosso. [...]
Giornata tipo. Il primo problema?
Beh, siamo messi così male che purtroppo non c'è nemmeno bisogno che qualcuno dica: mi raccomando. I mezzi sono vetusti. Noi usiamo le Marea. Sono tutte oltre i 200 mila chilometri. [...]
E a fare il poliziotto, si sa, la vita privata va per aria. Le mogli si lamentano, no?
Magari si lamentassero soltanto. Molti si separano. Sabato e domenica a casa non ci

stai mai. [...] Ma a non essere mai libero il sabato sera non è mica facile da spiegare.

Sua moglie che dice?

Ecco, appunto. Ci siamo separati. [...]

Notiamo la descrizione dell'intervistato, di taglio narrativo e un po' patetico, con un accenno di discorso indiretto libero («pensa che è un dannato mestiere e che se fosse...»). Dando per probabile una ripulitura anche lessicale del testo, notiamo qualche interiezione, alcune frasi lasciate in sospeso, qualche altro segnale discorsivo (*bene*, *ecco*, *diciamo*); le domande sono secche, rapide; le risposte sono spezzate in brevi frasi, di italiano corretto (si vedano i congiuntivi) ma colloquiale («a casa non ci stai mai», «non mi va di piangermi addosso»), con una sola punta di parlato più spontaneo nella risposta con *tema sospeso*, segnalato anche dai puntini di sospensione «Ma a non essere mai libero... non è mica facile da spiegare».

4.5. Recensioni e altri testi argomentativi La recensione è un testo informativo e al tempo stesso valutativo/argomentativo, a proposito di un'opera dell'ingegno (un libro, un film, uno spettacolo teatrale o televisivo, una raccolta di brani musicali ecc.). Chi la scrive, solitamente, è un esperto, il collaboratore di una pagina tematica del quotidiano. Il suo primo compito è di mettersi dalla parte del lettore, che non conosce l'opera ed è interessato al suo giudizio, perché vuol sapere se valga la pena di acquistarla o andare ad assistervi. Il testo dovrà quindi, necessariamente, contenere una *presentazione* con i dati informativi essenziali, un'*analisi* che riassuma il contenuto e i temi fondamentali, un'*interpretazione* che aiuti a cogliere la qualità dell'opera soffermandosi su fatti o elementi particolari, e infine un *giudizio*, eventualmente tecnico (per un film, dovrà esprimersi su regia, ritmo, sceneggiatura, fotografia ecc.). L'ultimo elemento è quello più strettamente argomentativo: il recensore deve convincere il lettore della bontà e correttezza del proprio giudizio, portando prove per sostenerlo (dati, esempi, citazioni); questa parte deve tener conto delle *presupposizioni* del lettore (non necessariamente un esperto, ma probabilmente interessato al tema) e gestire correttamente gli strumenti della coesione, e in particolare i connettivi logico-sintattici.

Alcuni quotidiani propongono schede di 70-120 parole (o anche più sintetiche), nelle quali il giudizio può anche mancare, limitandosi a una breve frase (per esempio "da non perdere", "meglio evitare"), a uno o più aggettivi valutativi (spaziando da formule più prevedibili, come *ottimo*, *scadente*, *così così*, a scelte brillanti o ironiche: *imbarazzante*, *da leccarsi i baffi* e simili); sono sempre più diffusi anche gli espedienti iconici: stelline, pallini o disegni espressivi.

Come altre tipologie testuali, anche la recensione è costruita con un nucleo di materiali sempre uguali, che servono all'autore da puntelli cui appoggiare le strutture esterne. Nella presentazione troveremo frasi quali: "la vicenda, la cronaca, la storia si svolge" (recensione di un libro), oppure: "ci muoviamo, ci troviamo, siamo" (recensione di un film, di un dramma). Nella descrizione si useranno verbi quali *mostra*, *descrive*, *rappresenta*, *realizza*, *caratterizza il personaggio* ecc.; il giudizio può essere *statico* ("l'opera è pervasa da un senso di...") o *dinamico* ("l'opera scade...", "l'autore coglie, fa centro, l'obiettivo non sembra centrato", "il regista spinge la commedia oltre..."). Anche le formule d'avvio degli esempi, utili a inserire l'opera in uno sfondo più ricco di elementi di giudizio, sono stereotipiche: "ricordiamo, non bisogna dimenticare..." ecc.

Scrivere una recensione è tutt'altro che facile, perché l'autore è sempre al limite tra esaltazione eccessiva (che può facilmente essere scambiata per ossequio dovuto ad amicizia o, peggio, a pressioni dell'editore, del produttore, dell'impresario) e stroncatura malevola (anche questa non sempre obiettiva). Siccome i giornali accolgono tra i loro collaboratori recensori che sono anche ottimi giornalisti, i loro testi sono spesso un buon modello di stile, ma vanno comunque letti con cautela. Prendiamo la recensione al film di Roberto Faenza *I giorni dell'abbandono*, dovuta alla penna di Natalia Aspesi e pubblicata da "Repubblica" il 7 settembre 2005 (p. 39), tra le cronache del festival del cinema di Venezia:

Occhiello: In concorso il contestato *I giorni dell'abbandono* di Roberto Faenza.

Titolo: Una storia d'amore e disamore / dedicata alle signore bidonate.

Venezia - Capita continuamente, ogni giorno: un marito (una moglie) se ne va di casa, lascia figli, moglie (marito) e non ha le parole per dirlo. Però solo un uomo ha il coraggio di trovare una scusa così vaga: «Sono confuso, insoddisfatto, sento un vuoto di

senso». Consiglio alla signora: chiedere subito: «questo vuoto di senso come si chiama, quanti anni ha? ». Avrà certamente un nome, e sarà giovane, come nel film di Roberto Faenza in concorso alla Mostra. I fustigatori dicono: il cinema deve tener conto del pubblico giovane, e cosa vuoi che gli interessi un film come *I giorni dell'abbandono*, dove la graziosa quarantenne Margherita Buy, che ha scelto la vita domestica per amore del marito e dei due figli, viene abbandonata dal pelato marito Luca Zingaretti, e prima non ci crede, poi si dispera, s'indigna, e si ribella, e va fuori di testa, e si placa, e si ritrova: e alla fine incontra un altro uomo, goffo ma artista che sa comunicarle tenerezza e gioia. «Finsi di credergli e perciò ci amammo a lungo, nei giorni e nei mesi a seguire, quietamente», dice la protagonista Olga alla fine del film. / Ma forse nei chiassosi multiplex ridondanti di popcorn ed effetti speciali, esiste anche un folto pubblico femminile, fatto di donne che, adorate o bidonate, s'appassionano comunque ai film d'amore e disamore, film come questo, sobrio e intelligente, non sentimentale, ben recitato e benissimo girato. Ispirato al romanzo della misteriosa Elena Ferrante. Massima soddisfazione per le signore, perché l'uomo si ritroverà pure tra le braccia una bella e ridente ragazza di vent'anni, ma che brutta figura ci fa lui! Non sa dire la verità, rifiuta le spiegazioni, tarda a inviare l'assegno per i bambini, li trascura, arriva a sottrarre di nascosto gli orecchini di famiglia regalati alla moglie per donarli alla nuova innamorata. Però: «È una colpa non amare più?», dice Zingaretti, che pare abbia inventato lui la frase.
Deve esserci un risvolto autobiografico a questa storia così comune eppure ogni volta così unica, se dopo la fine delle riprese, il regista, che ha 62 anni, è caduto in depressione. [...]

La recensione prosegue cambiando argomento e ricordando alcune precedenti pellicole del regista Faenza. Il testo di Aspesi contiene tutti gli elementi essenziali del genere "recensione", ma la loro disposizione (l'*intreccio*) non segue l'ordine canonico; la vicenda è anticipata da una riflessione spiritosa su qualcosa che «capita [...] ogni giorno», cioè un adulterio; solo dopo qualche riga la giornalista ci fa capire che l'adulterio è il tema del film, e di nuovo in modo quasi incidentale, mentre sta ragionando sulla critica («i fustigatori»; il tema non compare altrove nell'articolo ma è anticipato dall'aggettivo *contestato* dell'occhiello), ci racconta la storia, dapprima dalla parte della protagonista femminile, poi svelandoci come va a finire per il marito, ma ancora una volta frapponendo tra i due tronconi della trama una riflessione sul pubblico dei cinema. Qualche altra osservazione: nelle descrizioni Aspesi sfrutta sapientemente l'*accumulazione*, quando elenca gli stati d'animo attraverso i quali passa la protagonista o, più avanti, i gesti un po' vili del marito; in serie sono anche gli aggettivi che costituiscono il giudizio critico sul film. Notiamo pure gli inserti di dialogo fittizio con il lettore («Consiglio alla signora...») o con la critica, e i frammenti di battute degli attori. Il tono colloquiale è confermato da più elementi, tra i quali osserviamo soprattutto l'uso ridondante, analogo a quello del parlato, del pronome soggetto tonico *lui* («ma che brutta figura ci fa lui!», «che pare abbia inventato lui la frase»).

Per riassumere...

- Molti articoli, specialmente di cronaca, sono semplici copie o sviluppi di notizie d'agenzia. Il rischio è la ripetizione inerziale di formule fisse e di strutture sintattiche molto semplificate, un rischio che si accentua nei quotidiani in rete, realizzati in tempi molto brevi e con operazioni di taglia e incolla.
- Sin dalle origini, l'articolo di cronaca è il pezzo più tipico della scrittura giornalistica. Se ne analizzano i tratti essenziali con esempi di oggi e di ieri, per rilevare le strutture linguistiche più frequenti (imperfetto cronistico, varie forme di coesione testuale, espedienti narrativi).
- Rispetto alle forme brevi esaminate nel capitolo precedente, le forme espanse, come gli editoriali e gli articoli di approfondimento, devono mettere a frutto tecniche più complesse di argomentazione; la gerarchia degli argomenti, la scelta del punto di vista, il sistema delle allusioni e delle ellissi ne fanno uno strumento molto potente ma anche pericoloso se non maneggiato con cura.
- L'intervista è un genere di grande successo nella comunicazione giornalistica attuale. Vivace e vicino al parlato (anche con tecniche di simulazione artificiale), dà al lettore l'impressione di assistere a un dialogo reale.
- La recensione, testo informativo e argomentativo allo stesso tempo, ha le sue regole per essere efficace e non distorcere la realtà; si tratta di regole semplici ma rigide, che valgono sia per gli articoli di ampio respiro sia per le brevi schede di giudizio su libri, film ecc.

5. I giornali in rete

I nuovi mezzi di comunicazione come il telefono cellulare e la rete nelle sue varie funzioni hanno rivoluzionato, oltre a molte abitudini quotidiane, anche il mondo dell'informazione; basterebbe ricordare che dal 1993 al 2003 gli utenti della rete nel mondo sono passati da 26 a 513 milioni (Pratellesi, 2004, p. 15). Nei primi anni duemila il fenomeno dei diari in rete o blog ha spezzato l'ultimo diaframma tra il giornalismo professionale e la libera espressione e messa in pubblico delle idee. Ma è molto dubbio che per questo genere di comunicazione si possa parlare di giornalismo; come afferma Franco Carlini (2004, p. 64), «Vanno guardati senza spocchia perché ogni volta che una persona prende la parola, esprime delle idee e un bisogno di relazione [...]. Ma appunto con il giornalismo non hanno nulla a che fare, se questo è inteso come attività anche specialistica, dedicata alla raccolta, selezione e proposta dei fatti in una sfera pubblica, per un fine civile».

È peraltro indiscutibile che, dopo l'avvento della rete, la professione del giornalista abbia subito attacchi potenti da più direzioni. Nel 1995 Gianni Faustini salutava con curiosità la nascita negli Stati Uniti del *giornale interattivo*, che consentiva con un semplice abbonamento e con l'uso di programmi gratuiti e maneggiabili anche da un non esperto di costruire sul proprio terminale «il giornale dei propri desideri, fatto solo di sport o di cronaca nera, o rosa» (p. 14); è quello che Nicholas Negroponte (1995) – teorico della comunicazione digitale e fondatore della rivista "Wired" – ha chiamato scherzosamente il *daily me* (traducibile in italiano con "Corriere del sé").

Alla fine del primo decennio del nuovo millennio, costi di produzione più bassi permettono al lettore di interagire con il giornale e con il giornalista (tramite sondaggi e forum), superando l'intermediazione dell'editore e di una redazione; ma è semplice anche costruirsi un'identità da giornalista, da inviato, persino da editore, pubblicando materiali multimediali senza aver frequentato corsi professionali o senza disporre di *curricula* accademici. Dal giornalismo amatoriale e personale, esploso in particolare dopo l'11 settembre 2001, al "metagiornalismo cannibale", che ripropone ai navigatori un collage di dati preesistenti, il passo è breve.

Esistono poi gruppi di lettori disposti a pagare per ricevere in abbonamento solo un certo genere di notizie (per esempio gli operatori finanziari che anelano a informazioni tempestive); la proliferazione di giornali in rete su richiesta favorisce la scomparsa del giornalista come filtro e selezionatore delle notizie (cfr. Staglianò, 2002, pp. 50 ss.). Ancora Negroponte (1995) ha descritto un futuro prossimo in cui programmi intelligenti saranno capaci di ritagliare, nel flusso sterminato di informazioni che fluttuano in rete, quelle che più interessano al singolo utente, arrivando addirittura a dosarne lunghezza e quantità ideali. Il grande motore di ricerca *Google* ha sperimentato *Google News*, un sito d'informazione «che categorizza, riportando fonte e ora di pubblicazione dell'informazione, articoli pescati da oltre 4.000 *media* in lingua inglese [...] *senza* alcun intervento umano, tanto meno quello di un giornalista» (Pratellesi, 2004, p. 128); la gerarchizzazione si fonda su dati numerici (percentuale di articoli apparsi su un dato tema, indice di credibilità della fonte, attualità dell'argomento) e sull'uso di "ragni" (*spiders*), programmi che leggono le pagine di rete catturando e catalogando le informazioni che vi circolano.
La "scomparsa del giornalista" è salutata da alcuni come un segnale di libertà e di democrazia; la cosiddetta "interattività orizzontale" di comunità e gruppi tematici, per esempio, può essere un mezzo per garantire la sopravvivenza di minoranze culturali e linguistiche. Non mancano tuttavia i rischi: altissimo è il pericolo di distorsione nell'informazione costruita fondandosi su programmi automatici; nel conflitto USA-Iraq, si chiede Pratellesi (ivi, p. 129), quanti dei media utilizzati per selezionare le notizie riporteranno il punto di vista degli USA e quanti quello degli iracheni? È poi possibile che la rete – nata come un «grande contenitore di messaggi interpersonali» (Tedeschini Lalli, 2003) in cui i confini tra comportamenti e posizioni pubbliche e private si confondono (Meyrowitz, 1995) – sia inondata da «una valanga di pensierini narcisi, infiniti sbrodolamenti sulle materie più microscopiche di cui a nessuno [...] fregherà un bel niente» (Staglianò, 2002, pp. 176-9). La riduzione dei tempi e delle distanze tra i beni di consumo e i consumatori ha poi fatto crescere enormemente il numero di contenuti editoriali pensati solo per scopi commerciali (quelli che nella stampa cartacea sono i *redazionali*, cioè testi pubblicitari camuffati da arti-

coli informativi), assottigliando il confine già labile tra informazione e promozione (ivi, p. 153).
Ancor più grave, infine, è il rischio che con il giornalista scompaia anche chi seleziona e mette in ordine le informazioni, anche solo suggerendo percorsi di lettura che poi il navigatore potrà costruire da sé (Tedeschini Lalli, 2003, p. 259), e che questo ruolo, indispensabile per la democrazia della vita pubblica, sia assunto dai grandi potentati economici e politici i quali, approfittando della vocazione della rete a funzionare da distributore di beni e servizi, trasformeranno – nella migliore delle ipotesi – i grandi giornali elettronici in supermercati di notizie.

5.1. Due canali diversi ma non troppo La rivoluzione prodotta dai nuovi media nell'ultimo decennio del XX secolo è probabilmente ancor più radicale di quella testimoniata dalla frase del grande romanziere statunitense Henry James: «In 18 mesi la mia vita è radicalmente mutata: in casa mia è arrivata l'illuminazione elettrica, ho comprato un'automobile e ho cominciato a usare la macchina per scrivere».
Sin dalla loro fisicità, carta stampata e immagine proiettata dallo schermo del computer si presentano come canali diversissimi. E, in effetti, lo schermo condiziona pesantemente chi lo usa; l'occhio si affatica: rispetto alla pagina a stampa, una pagina di testo a video richiede un tempo di lettura il 25-30% superiore; la posizione del corpo è meno comoda: è quasi indispensabile avere un appoggio e stare seduti. Non ha dunque torto Jakob Nielsen (2000) – il teorico dell'usabilità – quando afferma che gli utenti della rete *non leggono* ma *scorrono* la pagina, cogliendo solo parole e frasi singole e saltando continuamente da un sito all'altro (la durata media di una "sessione di lettura" è di circa due minuti, cfr. Tedeschini Lalli, 2003, p. 246).
I confini dello schermo, l'aspetto grafico e l'eventuale suddivisione in più sezioni (*frames*), il tempo e la successione con cui appaiono testi e immagini e infine la modalità di scorrimento esercitano forti vincoli sul contenuto: l'impaginazione non può essere fantasiosa come sulla carta (le variabili sono ridotte), i titoli hanno in genere stesso corpo e stesso stile e manca una gerarchizzazione che non sia quella sequenziale dall'alto verso il basso, solo in parte mitigata dalla struttura ipertestuale. Negli ultimi tempi si è passati da pagine molto colorate, "pesanti" nei conte-

nuti e barocche nell'aspetto, a schermate più ariose e dalle colorazioni tenui, e molti siti hanno accolto le indicazioni del consorzio W3C sull'accessibilità ai testi, usando formati e colori speciali per gli ipovedenti e navigatori acustici per i non vedenti (Carlini, 2004, pp. 111 ss.).
Il quotidiano in rete offre però due grandi vantaggi rispetto alla versione cartacea: la possibilità di attingere a un archivio virtualmente infinito di notizie e l'interattività che, se ben curata, permette addirittura ai lettori di intervenire immediatamente con testimonianze e commenti; meno importanti ma significative sono la velocità di reazione e la possibilità di una copertura continua e perennemente aggiornata delle notizie, anche se da questo punto di vista la televisione e il televideo funzionano, per ora, meglio di Internet.
Alcune di queste potenzialità vanno però dosate con cautela: quanto ad aggiornamento, i lettori sono più pigri dei redattori e tornano sullo stesso sito a cadenze irregolari e con meno frequenza di quanto il sito non sia aggiornato (Staglianò, 2002, p. 46); l'assenza di vincoli di spazio può indurre a scrivere testi troppo lunghi, che respingono il lettore. Anche dare informazioni enciclopediche, come hanno fatto molte testate in rete nelle fasi nascenti della loro esistenza, può produrre dossier confusi e privi di logica (cfr. Tedeschini Lalli, 2003, p. 252); la funzione di archivio è però molto utile quando si voglia fornire al lettore un'ampia prospettiva temporale e spaziale di notizie collegate all'evento principale (per esempio i precedenti di una sciagura ferroviaria, di un progetto di legge, di uno scontro elettorale), un servizio improponibile per un quotidiano a stampa.
La multimedialità resta ancora la caratteristica più affascinante della rete. Occorre però intenderla non banalmente come accumulo ridondante di media diversi, bensì come l'integrazione di questi in un testo organico che valorizzi le doti e le peculiarità di ciascun canale (immagini filmate e animazioni per rendere più dinamica l'azione, inserti sonori per rafforzare la presenza reale del personaggio citato ecc.) e che offra realmente al navigatore la scelta tra fruizione lineare, non lineare, passiva e interattiva (cfr. ivi, pp. 253 e 266-7). La multimedialità, inoltre, insieme all'interfaccia ipertestuale, semplifica e quindi favorisce il rapporto diretto tra i giornalisti e i lettori, rafforzando il contratto di fiducia con la testata. Anche questi vantaggi non sono però sempre

apprezzati, sebbene il consolidamento delle testate elettroniche e il potenziamento delle tecnologie stiano aiutando la rete a «inglobare in sé anche quelle che sino a ieri erano le pertinenze della radio (audio) e della TV (video)» (cfr. Staglianò, 2002, p. 37). Ancora fino ai primi anni 2000, il peso delle immagini e dei materiali audiovisivi, molto maggiore rispetto a quello dei testi (cfr. PAR. 5.2), limita le prestazioni multimediali dei giornali in rete: le fotografie sono in genere di piccole dimensioni e sono ancora poche le immagini in movimento e dotate di sonoro (cfr. ivi, pp. 39 ss.).

Non del tutto risolto è il problema dei costi di accesso, nonostante l'introduzione di tariffe fisse (*flat*) e lo sviluppo di tecniche *peer to peer* e *VOIP* (sigla di Voice over IP, cioè il telefono via computer) che, permettendo una connessione continua, lasciano libero il navigatore di seguire, volendo, l'evolversi delle notizie in tempo reale. L'altalena tra offerta di servizi gratuiti e a pagamento, ben descritta da Staglianò (ivi, pp. 95 ss.), non si è ancora fermata. La rete dipende più della carta stampata dalle entrate pubblicitarie, ma mentre i telespettatori si sono ormai abituati alle interruzioni commerciali, i navigatori ne sono irritati, e perciò le grandi agenzie non sono disposte a investire molto nel nuovo mezzo che, peraltro, è usatissimo per vendere e comprare risparmiando sui costi degli intermediari. I quotidiani, non solo di piccole dimensioni, hanno cercato di attrarre clienti aggirando l'ostacolo in vari modi: offrendo agli abbonati servizi particolari (cfr. Pratellesi, in Sorrentino, 2003, p. 164) o, anche, contenuti erotici – magari in versione leggera, come i calendari – e dando spazio alle notizie scandalistiche; alcuni giornali in rete si sono così avvicinati ai tabloid britannici. Una formula meno compromettente è quella che offre accesso gratuito a contenuti a pagamento solo se si clicca prima su una pubblicità; ma i limiti delle forme e delle tecniche di promozione, anche tramite collegamenti a siti aziendali, sono uno dei temi più scottanti del nuovo diritto delle comunicazioni (cfr. Contaldo, Di Fabio, 2000; Zaccaria, 2004).

A rendere diversi i giornali in rete è anche la gerarchia dei contenuti. La politica interna e internazionale, che occupa tradizionalmente le pagine iniziali dei quotidiani, è ai posti più bassi nella classifica dei gusti dei navigatori, salvo che nelle fasi cruciali delle campagne elettorali; salute e notizie di moda e costume sono in prima fila, e anche l'economia è molto seguita. Più giovani e di cultura media superiore rispetto ai lettori della stampa tradizionale, gli internauti apprezzano molto l'alta tecnologia, le notizie locali e la meteorologia, un po' meno la cronaca e – curiosamente – lo sport e lo spettacolo: evidentemente, quando un evento fonda la sua attrattività sulle immagini in movimento, la televisione prevale ancora sulla rete (cfr. Staglianò, 2002, p. 46 e pp. 80 ss.). Vale poi, in generale, la regola delle "3 S": insieme ai *soldi*, il *sangue* (cronaca nera e guerra) e il *sesso* sono i temi più ricercati; ma spesso a guidare la navigazione è una semplice pulsione al gioco, al puro divertimento (Tedeschini Lalli, 2003, p. 260).

Nonostante quanto si è scritto finora, tuttavia, l'avvento di Internet ha segnato un ritorno di massa alla pratica della lettura e della scrittura: si legge, e si scrive, in modo diverso, ma la parola scritta è ancora considerata la prima e più attendibile fonte di conoscenza da parte dei navigatori, come risulta da una ricerca dell'Università di Stanford (citata da Staglianò, 2002, pp. 39 e 64).

5.2. I paradigmi della scrittura Nel giudicare il testo elettronico il linguista Raffaele Simone ha proposto di dividere la storia della comunicazione in tre fasi, corrispondenti ad altrettanti *paradigmi* (cioè *modelli*) comunicativi: il paradigma di Platone, il paradigma digitale, il paradigma multimediale (Simone, 2001).

Il *paradigma di Platone* nasce con l'invenzione della scrittura, mirabilmente narrata dal filosofo greco nel dialogo *Fedro*. In sintesi, il testo scritto ha le seguenti proprietà: pubblicità; scarsa dipendenza dal contesto; pianificazione e correggibilità; tendenza a tipizzarsi (assumendo forme diverse a seconda delle esigenze di chi scrive); localizzazione (cioè aderenza al proprio supporto materiale); *despotìa* (letteralmente "paternità", ovvero garanzia di autenticità e responsabilità).

Il lungo predominio del paradigma di Platone, potenziato dall'invenzione della stampa, è stato interrotto, alla fine degli anni ottanta del Novecento, dall'avvento del *paradigma digitale*. Il testo digitale ha queste proprietà: enfatizza la fase processuale, che però non lascia tracce; è instabile (contro la fissità del testo a stampa); è immateriale (la mano, il tipo di supporto, gli stessi caratteri di stampa non sono riconoscibili); è accessibile solo in modo indiretto (serve la mediazione di software e hardware) e parziale (lo schermo ci fa vedere solo una parte di testo, non è possibile intuire fisicamente, come si fa con un libro, quanto è lungo il documento completo); è delocalizzato e *adespoto* (non è facile controllarne autenticità e responsabilità); d'altra parte, consente una possibilità di diffusione e una riproducibilità illimitate, ed è accessibile anche oltre i vincoli spaziali. In aggiunta, chi scrive per i nuovi mezzi tecnologici non sa con certezza *come* il suo testo verrà letto, se dallo schermo di un computer casalingo, in un punto Internet, da un cellulare ecc.

Il futuro vedrà il predominio di un terzo paradigma, quello *multimediale*, nel quale ogni testo avrà le caratteristiche del testo digitale e altre in più: di presentarsi non più da solo, ma in una sorta di famiglia; di essere realizzato in modo molto più rapido; di essere perciò sottoposto a scarsissimo controllo; di condividere tratti simili ad altre forme di comunicazione, come gli SMS e gli MMS, i canali chiacchiera, le scritte sui muri, le altre pagine di rete; di diffondere messaggi poco strutturati ma molto collegati l'uno con l'altro. Testi multipli, insomma, e testi brevi (cfr. PAR. 3.3).

Se nel quotidiano a stampa il *contesto* è l'insieme delle pagine, nella scrittura in rete il sito stesso costituisce un'*unità contestuale*, un ambiente all'interno del quale l'utente dovrebbe essere in grado di orientarsi, interagendo efficacemente con gli oggetti virtuali che vi incontra. L'interfaccia tipicamente iconica della rete consente di compiere un gran numero di azioni diverse con il semplice clic del mouse, e il *co-testo* della pagina stampata (cfr. CAP. 2) si amplia in profondità nell'*ipertesto*. Il lettore tradizionale deve alzarsi e spostarsi per prendere un libro che trova citato in terza pagina, sfogliare il giornale per ritrovare il seguito di un articolo, appuntarsi l'indirizzo per scrivere alla rubrica delle lettere ecc.; in rete, può fare tutte queste operazioni, e molte altre, senza muoversi dalla propria scrivania, libero di scegliere – diversamente da quanto avviene con un libro, ma diversamente anche dalla fruizione "di flusso" tipica del canale radiofonico e televisivo – «percorsi soggettivi, fatti di scelte contingenti e tutti potenzialmente possibili» (Bonomi, 2002, p. 269). Una pagina di rete ben fatta, anche nell'organizzazione grafica (scelta dei colori, suddivisione degli spazi, lettura intuitiva di comandi e collegamenti), esalterà le peculiarità del mezzo elettronico.

La *pagina iniziale* (*home page*) del sito ha un ruolo ancor più decisivo della prima pagina di un quotidiano tradizionale. Le notizie vi sono disposte secondo il principio della "piramide rovesciata": la parte alta dello schermo è occupata da quelle più importanti e più recenti nel tempo: scorrendola verso il basso si raggiungono le notizie più vecchie o di minor rilievo. L'effetto, insolito per le abitudini del lettore di una volta, è che ogni aggiornamento spinge in basso il testo precedente; lo stesso accade negli scambi di messaggi di posta elettronica, nei forum, nei diari in rete e nei canali chiacchiera e questo tipo di ordinamento si è lentamente imposto anche su altri tipi di testo, come le bibliografie e i *curricula*. Se sfruttato a dovere, lo schema a piramide rovesciata è ottimo per le "dirette testuali", che seguono minuto per minuto grandi avvenimenti di cronaca o di sport (cfr. Tedeschini Lalli, 2003, p. 270). Le notizie più fresche sono spesso accompagnate da foto o da immagini in movimento, mentre quelle minori si riducono spesso a semplici strilli o titoletti che, accompagnati da un sommario essenziale ma completo, formano quello che Nielsen (2000) ha battezzato "microcontenuto", una nuova categoria di *paratesto* tipica della comunicazione in rete (e caratteristica, per esempio, dei motori di ricerca, cfr. Staglianò, 2002, pp. 69-71).

Nella pagina iniziale sono ospitati, in genere, anche i rinvii ad altre testate o prodotti editoriali del gruppo, i collegamenti alle pagine di archivio o di approfondimento, le finestre dedicate alle rubriche fisse. Quasi sempre è in questo punto del sito che si affollano intrusivi messaggi pubblicitari: icone a scomparsa, striscioni scorrevoli o intermittenti, vere e proprie schermate che appaiono all'interno o ai margini della pagina o si sovrappongono, per qualche frazione di secondo, a quella principale (in inglese *banner*, *pop-up* e *pop-under*), o che, ancora, si aprono al passaggio da un sito a un altro (*pubblicità interstiziale*). Gli approfondimenti, e i passaggi alle pagine interne, sono garantiti dai *collegamenti ipertestuali* (*link*), vera "unità costruttiva di base" del testo in rete, tanto che chi scrive per questo medium «dovrebbe concepire sin dall'inizio il suo testo tenendo conto della loro disposizione» (ivi, p. 68); tali collegamenti funzionano da snodi narrativi, che spiccano anche per la loro specialità grafica (appaiono in colore diverso rispetto al testo normale e sottolineati; Carlini, 2004, p. 68, suggerisce anzi di usare colori o simboli grafici diversi a seconda dei siti cui rimandano).

Nel tempo, si è imposto l'uso di ridurli al minimo all'interno del testo, per non interrompere continuamente la lettura: l'approfondimento di una notizia data in sintesi avviene cliccando sul titolo, e le informazioni enciclopediche aggiuntive sono disponibili in colonne laterali, pilotando l'apertura di una nuova pagina in una finestra diversa da quella principale, che rimane però sullo sfondo (cfr. Tedeschini Lalli, 2003, p. 255). Le ramificazioni ipertestuali (Pratellesi, 2004, pp. 120-21) possono essere *lineari* (cioè connesse in maniera sequenziale le une alle altre), *gerarchiche* (organizzate in settori e sottosettori), *circolari* (tutte le pagine sono collegate tra loro e immediatamente raggiungibili); l'effetto sull'impaginazione è quello del passaggio da una "stella" (cfr. PAR. 2.1) a una "costellazione" (Antonelli, 2007). Fondamentale poi è la *barra di navigazione*, dotata di pulsanti interattivi (per salvare, stampare o spedire una pagina ad altri), che spesso contiene aree per la ricerca di parole chiave all'interno del sito.

I titoletti del sommario devono essere ben curati, formulati in modo chiaro e didascalico, evitando giochi di parole ed ellissi; il video del computer è un canale diverso da quello della televisione, dove un titolo letto dal giornalista può (e deve) essere compreso anche senza guardare l'immagine. Le *parole sensibili* che introducono un approfondimento ipertestuale, come pure le parole chiave in grassetto che punteggiano il testo, vanno scelte con cura, perché sanciscono l'importanza di un passaggio o di un singolo termine e suggeriscono un percorso di lettura: è il caso di fornire approfondimenti solo se sono veramente utili, consentendo sempre al lettore di tornare con semplicità alla pagina da cui era partito. I collegamenti non sono necessariamente testuali, ma anche visivi (grafici, audio, video): questi ultimi, se usati con equilibrio, riducono la monotonia della scrittura, ma non devono essere troppi o durare a lungo, dilatando i tempi di attesa e ostacolando la fluidità di lettura.

Confrontando l'aspetto di quattro quotidiani in rete (repubblica.it, corriere.it, lastampa.it e quotidiano.net, che raccoglie i tre quotidiani "nazionali" di Milano, Firenze e Bologna "Giorno", "Nazione" e "Resto del Carlino", consultati negli ultimi mesi del 2006), si notano analogie ma anche qualche differenza nell'organizzazione della pagina iniziale: le analogie riguardano la disposizione dei materiali pubblicitari, che occupano sempre le parti più alte dello schermo (le prime a comparire quando ci si collega) e dei pulsanti di navigazione (in fasce marginali, orizzontali o verticali), la distribuzione gerarchica delle notizie, la struttura dei microcontenuti, la presenza dei link a materiali audiovisivi (accanto ai titoli delle notizie) o ad altri siti (generalmente nel margine basso). Prevale la disposizione lineare, in colonna, delle notizie, ma quotidiano.net preferisce dividere la schermata in due parti, in modo da consentire una visione immediata e completa delle notizie principali. Se si accede alle pagine dedicate alla cronaca, l'impostazione è identica in tutti e quattro i quotidiani: notizia a centro pagina, talvolta lievemente spostata sulla sinistra, testo suddiviso in blocchi spaziati. Variano invece la scelta dei caratteri, la forma e le dimensioni degli spazi che ospitano gli articoli e altri espedienti grafici per facilitare la lettura. Il quotidiano più leggibile è repubblica.it: caratteri di corpo piuttosto grande e ben distanziati, righe ben distribuite sullo schermo; buona anche la veste grafica di quotidiano.net, che fa un abbondate uso del grassetto (*bold*) per evidenziare singoli termini, sintagmi o intere frasi; non è tuttavia raro imbattersi in sottolineature che appaiono frettolose (alcune lettere restano in chiaro, la stessa divisione delle parole è errata) o casuali:

Nell'operazione sono impiegati **circa 400 uomini appartenenti ai** reparti dell'Arma dipendenti dal reparto territoriale Castello di Cisterna ed a compagnie di intervento operativo oltre a **unità cinofile antidroga ed** elicotteri [...].

Oltre a perdere l'occasione di sfruttare una potenzialità grafico-visiva, questa scelta, molto diffusa nei quotidiani in rete, mostra anche una scarsa considerazione di quanto la sottolineatura enfatica di alcune parti del testo possa pilotarne l'interpretazione: Anichini (2003, pp. 257-8) fa infatti notare che evidenziare parole diverse di un medesimo testo può indurre letture molto distanti tra loro.

5.3. Ipertesti e lingua Quello in rete può essere semplicemente un testo «già esistente, preparato per altri mezzi, che viene per così dire adattato, vestito, addobbato per essere messo e utilizzato on line» (Tedeschini Lalli, 2003, p. 245); gran parte delle notizie rielabora lanci d'agenzia, raccolti in piccoli riquadri nella pagina iniziale e che non confluiscono nella versione cartacea del quotidiano; il lancio può essere approfondito tramite un collegamento ipertestuale, oppure – ma è più raro – più lanci possono dare origine a un testo più ampio, spesso realizzato con una banale operazione di taglia e incolla (Bonomi, 2002, pp. 276-7). I ritocchi redazionali consistono tutt'al più in una riverniciatura brillante del lessico, dato che i testi delle agenzie per tradizione adottano uno stile neutro e ufficiale (cfr. PAR. 4.1); nei giornali in rete fa la sua ricomparsa un arnese della cronaca ottocentesca come il *condizionale di dissociazione* (cfr. PAR. 4.3), che serve al redattore per prendere le distanze da un'informazione che non ha il tempo di controllare (ivi, p. 284).

Più significativi gli effetti che l'ipertestualità produce nella scelta dei deittici, dei connettivi, dei segnali discorsivi, insomma dei vari strumenti per garantire la coesione del testo; si veda, negli esempi seguenti, tratti da Bonomi (ivi, p. 287), come è stata aggiornata la notizia e le conseguenze che ne sono derivate:

[...] ***Oggi*** i raid e le incursioni dell'esercito di Israele ***proseguono*** senza sosta nei Territori, mentre il premier Ariel Sharon ha affermato che le martellanti operazioni militari sono "necessarie", ma è stato duramente criticato dal segretario di stato USA Colin Powell. ["Quotidiano Nazionale", 6-07-2001, ore 23]

[...] ***Ieri*** i raid e le incursioni dell'esercito di Israele ***proseguono*** senza sosta nei Territori, mentre il premier Ariel Sharon ha affermato che le martellanti operazioni militari sono "necessarie", ma è stato duramente criticato dal segretario di stato USA Colin Powell. ["Quotidiano Nazionale", 7-07-2001, ore 13]

Come è evidente, il cambio del deittico temporale avrebbe richiesto un cambio del tempo del predicato verbale (*sono proseguite* invece di *proseguono*). Nel secondo esempio, il redattore ha inserito gli aggiornamenti (evidenziati in corsivo) intervenendo sulla punteggiatura e sui connettivi; ma il risultato è sconnesso:

MILANO Un nuovo attentato alla vigilia del G8 di Genova. Questa volta la vittima è il Tg4, il telegiornale di Mediaset diretto da Emilio Fede. Poco dopo le 17,25 di oggi, infatti, un pacco-bomba è scoppiato nella redazione milanese di Palazzo dei Cigni, a Milano 2. L'ordigno era nascosto in una busta che è esplosa tra le mani di una impiegata addetta alla segreteria. La donna non è rimasta ferita in modo grave, ma è stata portata all'ospedale San Raffaele per accertamenti. ["Repubblica", 18-07-2001, ore 15,45]

MILANO *Una a Milano, una a Bologna, un'altra a Trento. Bombe, o lettere-bomba, che, se non uccidono, avvelenano la* vigilia del G8 di Genova. *Prima* vittima, il Tg4, il telegiornale di Mediaset diretto da Emilio Fede. Poco dopo le 17,25 di oggi, infatti, un pacco-bomba è scoppiato nella redazione milanese di Palazzo dei Cigni, a Milano 2. L'ordigno era nascosto in una busta che è esplosa tra le mani di una impiegata addetta alla segreteria, *Cristina, 37 anni.* La donna non è rimasta ferita in modo grave, ma è stata portata all'ospedale San Raffaele per accertamenti ***dove*** *le sono stati dati 10 giorni di prognosi.* ["Repubblica", 18-07-2001, ore 20,10]

L'aggiunta del referto medico avviene in modo meccanico e il redattore non si accorge che il connettivo *dove*, riferito evidentemente all'ospedale San Raffaele, si trova incongruamente avvicinato al sintagma *per accertamenti*, che avrebbe potuto essere anche eliminato. Altre osservazioni: la successione degli attentati è proposta in ordine temporale inverso, dato che quello di Milano è l'ultimo (è un'applicazione della *piramide rovesciata*); l'identificazione della vittima avviene con il semplice prenome, un elemento di vivacizzazione del testo (cfr. l'analisi dell'articolo di cronaca nel PAR. 4.2); non c'è elisione dell'articolo femminile davanti a vocale (*una impiegata*), un fatto frequente nei testi a composizione elettronica.
Gli effetti dell'instabilità e della possibilità di riscrivere continuamente il pezzo senza lasciare traccia sono anche questi. Il fatto che spesso non trascorrono più di dieci minuti dalla battuta del lancio alla pubblicazione della notizia nel quotidiano in rete genera poi un gran numero di refusi – aggravati dall'uso trascurato dei segni d'interpunzione (assenza o collocazione errata della virgola) – e produce anche «scompensi e incoerenze linguistico-testuali che non giovano alla chiarezza e alla leggibilità» (Bonomi, 2003, p. 137).
Nella sintassi del periodo, la scrittura dei quotidiani in rete si caratterizza per un intenso ricorso allo stile nominale e agli incisi (un buon mezzo per aggiornare il testo in continuazione), che producono un effetto di semplificazione ma anche di frammentazione; significativa è quella che Ilaria Bonomi ha definito «complessità orizzontale [...] para-

tattica e giustappositiva, che tende a sviluppare il periodo affiancando le unità proposizionali e spezzandone i legami di dipendenza logico-subordinativa»; una complessità sintattica «che privilegia i valori semantici rispetto alle strutture logiche». L'accumulo di periodi mono-proposizionali, spesso slegati tra loro, l'uso di spezzare la linea logico-sintattica con incisi o frammenti di discorso riportato tra virgolette danno origine a «strutture "mosse"», che riescono forse a vivacizzare il testo ma sono indice di «scarsa rielaborazione critica delle notizie» (Bonomi, 2002, pp. 293 e 295). Tipici esiti di questo processo sono le subordinate giustapposte dopo punto fermo e gli incisi. Vediamone qualche esempio, sempre da Bonomi (ivi, pp. 296 ss.):

Sono soldati delle squadre speciali statunitensi *che* da qualche ora sono entrati nel territorio afghano. *Per dare* man forte all'Alleanza del Nord, da giorni imbrigliata in una difficile guerra "di trincea" *e per* compiere missioni autonome. ["l'Unità", 19-10-2001]

In questo caso, la relativa introdotta dal pronome *che* in funzione di soggetto è giustapposta a una prima proposizione finale implicita (*per dare*) la quale, a sua volta, è coordinata a un'altra finale (*e per compiere*) preceduta da un inciso (tra l'altro non chiuso – come dovrebbe – da due virgole): il punto fermo spezza il nesso tra la reggente e le subordinate. Quest'uso di periodi spezzati non è in sé una novità. Ma in passato la scomposizione dei periodi era meno ardita: Pratellesi (2004, p. 113) riporta un ottimo esempio d'uso moderno del punto fermo da un articolo dedicato da Giorgio Bocca alla tragica scomparsa di Marilyn Monroe ("L'Europeo", agosto 1962):

Abbagliato da tanta bellezza, Miller arrivò a dire che Marilyn era un genio. Però era una donna intelligente. Infatti fu una donna inquieta e infelice. Gli uomini ammiravano la sua inconfondibile "qualità tridimensionale". Lei diceva: "Nessuno parla mai dei miei occhi". A loro bastava che fosse una donna-oggetto. Lei voleva essere qualcosa di più. Magari una donna vera.

Notiamo che Bocca non spezza mai due coordinate (per esempio «A loro bastava che fosse una donna-oggetto. *Ma* lei voleva essere qualcosa di più»), o la principale da una dipendente, o ancora il soggetto dal predicato o da un attributo (per esempio «Lei voleva essere una *donna. Vera.*»). Agisce semmai per ellissi («Miller arrivò a dire che M. era un genio. *Forse non era un genio*, però era una donna intelligente») e lascia sempre coesivi e connettivi in punta di frase (*Però*, *Infatti*, *Gli uomini*, *Lei*, *Magari*). Nei testi degli attuali giornali in rete, domina invece l'accumulo di nessi relativi:

Sei milioni di lire. Una vera miseria se si pensa ai trentamila miliardi della manovra finanziaria. *Una miseria che* sono invece una montagna di quattrini per chi li aspetta: un povero cristo al quale erano stati sequestrati, ingiustamente, undici anni fa. *Un uomo che* ora aspetta quel denaro per pagare gli arretrati al suo padrone di casa e allontanare definitivamente lo spettro dello sfratto. *Un episodio che* sembra incredibile: ma come si è potuti arrivare fino a questo punto? ["Secolo XIX", 18-10-2001]

Nello stralcio si susseguono addirittura tre relative aperte da un sintagma nominale che riprende il contenuto espresso nella proposizione logicamente sovraordinata; ne risulta una sintassi a strattoni, con continue interruzioni e riprese che vogliono forse produrre un effetto di tensione ma che, se non ben gestite, corrono pericolosamente sul filo della grammaticalità, come nell'esempio seguente:

Sul suo cartellino c'è scritto solo "mamma di Carlo". *Che* dice: "Carlo è stato condannato a morte prima di essere processato [...]". ["l'Unità", 18-10-2001]

Logica vorrebbe che il pronome *che* si riferisse al *cartellino* o al suo testo, ma la vicinanza con l'ultimo elemento della frase precedente (*mamma di Carlo*) lo connette bruscamente (e irregolarmente) alla persona che ha indosso il cartellino. In questi microperiodi l'ordine delle parole dovrebbe essere il più possibile lineare, cioè avvicinare i complementi ai termini cui si riferiscono (dunque non *I ministri si sono riuniti per discutere delle tasse a Roma* ma semmai *I ministri si sono riuniti a Roma per discutere delle tasse* o, ancora, non *Riunione contro la pedofilia in Comune* ma *Riunione in Comune contro la pedofilia* ecc.).
Gli incisi possono essere collegati sintatticamente al resto del periodo e svolgere pertanto la funzione tradizionale di dare al loro contenuto un valore secondario rispetto alla linea principale del periodo, che risulta così più leggero e ritmato:

Il presidente americano George W. Bush ha dichiarato da Shanghai (dove si trova per partecipare al vertice APEC) che questi soldati "non sono morti invano". ["Unione Sarda", 20-10-2001]

Oppure possono essere del tutto slegati dal testo che li circonda, e assumere il ruolo di un commento esterno, non necessario tanto a rafforzare il senso del discorso quanto a creare un effetto di profondità tra piano principale e informazioni secondarie, o addirittura una sorta di controcanto ammiccante con il lettore:

Star dell'edizione di quest'anno l'atteso (ormai manca poco all'uscita ufficiale del 25 ottobre) sistema operativo di casa Microsoft, Windors Xp. [*ibid.*]

Nessuno dunque si vestirà da terrorista (perché, come si vestono?): il "mood" è cambiato [...]. ["Repubblica", 18-10-2001]

Infine, la complessità orizzontale si realizza con l'uso insistito della coordinazione, soprattutto di tipo copulativo e avversativo. Le coordinate sono spesso proposizioni principali, e non di rado i due membri sono spezzati da un punto fermo; se la coordinazione coinvolge due proposizioni subordinate, la seconda congiunzione subordinante può mancare. Queste strutture paratattiche cercano di riprodurre movenze del parlato e quando ricorrono insieme a incisi o ad altri costrutti giustappositivi forzano le regole della grammatica, con cambi di soggetto e violazione del parallelismo tra i due membri della coordinazione:

L'atto terroristico ha dietro una strategia complessa, non è l'azione di un singolo folle *e*, come è successo in Italia, il fenomeno lo affronti e lo sgomini con l'intervento dell'intera società. ["Unione Sarda", 20-10-2001]

Anche nell'uso di strutture come queste lo scivolone grammaticale e sintattico è dietro l'angolo.
Il vocabolario prevalente nei quotidiani in rete è colloquiale e infarcito di neologismi e forestierismi, mentre appare più contenuta la presenza di stereotipi burocratici (che tuttavia ricompaiono nelle brevi di cronaca, spesso mere riproposizioni dei lanci d'agenzia).

5.4. Regole per la scrittura digitale? In conclusione, come scrivere un buon testo adatto al mezzo digitale? Staglianò (2002, pp. 65 ss.) si ispira alle "regole di Kilian": brevità, densità e compattezza; spezzettatura in blocchi o in elenchi puntati; stile secco e mai verboso; preferenza per i *verbi forti* rispetto ai *verbi deboli*; frasi in forma attiva e non passiva; coordinazione piuttosto che subordinazione.
Riprendiamole punto per punto. Della brevità si è già detto; *densità* e *compattezza* rispondono alla necessità di concentrare al massimo le notizie in poche parole chiare ed essenziali, raccolte in spazi ridotti per facilitare la lettura rapida. La *suddivisione in blocchi* (*bocconi* o *chunks* di testo), sottoparagrafi di circa 75 parole, ciascuno possibilmente dedicato a non più d'un concetto (cfr. Tedeschini Lalli, 2003, p. 248; Carlini, 2004, p. 25), ha una funzione più visiva che testuale: infatti, se riportata sulla carta, produce un fastidioso effetto di concitazione, scoraggia la riflessione distesa del lettore e va contro il principio di cooperazione, poiché il minor sforzo di chi scrive ricade tutto sulle spalle di chi legge.
Gli elenchi puntati (in inglese *bullet lists*), semplicissimi da realizzare con i programmi elettronici di scrittura, hanno il vantaggio di essere schematici e chiari e permettono di cogliere immediatamente la dipendenza gerarchica tra i vari dati. Vanno tuttavia usati con cautela, preparati curando bene l'ordine logico delle informazioni e adottando forma e sintassi coerenti (ottime indicazioni dà Raso, 2005, pp. 106-11). Gli espedienti per spezzare e abbreviare il testo sono giudicati come un "mito pernicioso" da Franco Carlini anche per gli effetti deteriori che producono sulla scrittura: il lettore più maturo ha tempo e voglia di confrontarsi anche con testi più lunghi, magari salvandoli nella memoria del suo computer per poi stamparli; insomma, non c'è un solo tipo di navigatore, e non occorre per forza essere brevi. È vero, d'altra parte, che i «vecchi giornali hanno ancora i loro punti di forza [...] nella costruzione del punto di vista e nella formazione di conoscenza», forme tipiche dell'approfondimento (Carlini, 2004, pp. 23 ss. e p. 49).
Le esortazioni a evitare la verbosità e a cercare la semplicità nel lessico e nell'uso dei verbi valgono per ogni tipo di comunicazione, ma in particolare per i testi che più risentono della stereotipia burocratica, come gli articoli di cronaca. Pratellesi (2004, p. 105) sostiene che «Ognuno di noi davanti allo schermo del computer viene preso da un irrefrenabile

impulso a scrivere difficile»; il primo rischio che si corre è quello di sbagliare, lasciandosi scappare ridicoli malapropismi (quando si usa un termine in un contesto che non gli è proprio o si scambiano due parole che si assomigliano per suono o grafia); il secondo è quello di «infastidire e quindi allontanare il lettore». Ma dobbiamo anche tener conto del fatto che nella comunicazione in rete la scrittura è il nostro biglietto da visita e uno stile troppo grigio può risultare impersonale; ricordiamo poi che molti scambi di informazioni in rete sono dominati da un accentuato agonismo verbale (cioè lo sforzo di mostrare di saper scrivere bene) e da un alto tasso di informalità che favorisce giochi di parole e usi gergali (cfr. in generale Pistolesi, 2004).
Altri suggerimenti riguardano più il contenuto che la forma. Il principio della piramide rovesciata vale anche nella costruzione del testo: «Si parte dalla conclusione, dalla descrizione ultima e stringata dell'evento, per poi allargarsi, magari in pagine di livello successivo legate alle parole chiave per mezzo di link, a una narrazione più profonda del fatto, dei suoi antecedenti, delle notizie che hanno attinenza con l'informazione di fondo, in modo da contestualizzare meglio il tutto» (Staglianò, 2002, p. 67). Si arriva così a una struttura «a scatole cinesi inverse: la più piccola contiene la più grande» (Antonelli, 2007, p. 104). Per esempio, il portale dell'ANSA del 19 aprile 2007 conteneva, tra le molte altre, questa notizia:

AL VIA IL CONGRESSO NAZIONALE DEI DS **Fassino**: nel Partito Democratico vorrei anche **Ciampi**. La sinistra DS decide all'unanimità di lasciare la Quercia dopo l'intervento di Mussi Buttiglione, PD sarebbe compromesso storico deteriore VIDEO - DS verso il PD dopo 2 anni passione

In un insieme di 43 parole per cinque periodi giustapposti (nella frase su Buttiglione mancano gli articoli secondo lo stile brachilogico, nel titolo del video manca – per errore – la preposizione *di*, la citazione di Fassino non è virgolettata, i neretti evidenziano parole chiave) ricorrono ben tre rinvii ad approfondimenti interni (in sottolineato nel testo, in azzurro sottolineato nell'originale), uno dei quali propone un filmato. Cliccando su Buttiglione si ottiene il testo seguente, che conta 90 parole (quasi esattamente il doppio del testo di partenza); osserviamo, tra l'altro, la frequenza di frasi virgolettate per movimentare il testo (cfr. PAR. 4.2):

Buttiglione, PD sarebbe compromesso storico deteriore ROMA - Non fate il Partito Democratico perché sarebbe «il compimento del compromesso storico nella sua versione deteriore». È l'invito rivolto a DS e Margherita da Rocco Buttiglione, intervenuto ieri sera alla trasmissione "Temporale" su Sky. «Non fatelo, siete ancora in tempo», ha detto il presidente dell'UDC. Cattolici e comunisti, ha aggiunto, «rinunciano ai loro valori invece di fare un esame critico. Si trovano in un compromesso dove tutto è negoziabile. Temo che questo - ha concluso - sia il partito del relativismo culturale».

Molto più lungo (852 parole) l'articolo che si apre cliccando il titolo d'apertura e che è suddiviso in cinque spezzoni, a loro volta accorpabili grazie a tre titoletti in neretto. Il primo blocco (83 parole) è un ampliamento del titolo; vi notiamo l'inversione degli argomenti con un punto fermo a spezzare innaturalmente una *dislocazione a destra* (cfr. PAR. 4.4) molto forzata («vorrebbe coinvolgere [...] Piero Fassino»); con una *catafora* si risponde alla domanda «quando e dove Fassino ha detto questo?»:

ROMA - Nel nuovo partito democratico vorrebbe coinvolgere anche Carlo Azeglio Ciampi. Piero Fassino, leader della Quercia. La "confessione" è stata raccolta dal "Corriere della Sera", prima dell'avvio del congresso DS a Firenze. Fassino nel PD vorrebbe anche quei "grandi vecchi", «personaggi che magari votavano PCI alla Camera e PRI al Senato», esponenti delle cultura azionista. I vecchi insieme a quei giovani che incalzano la politica ponendo domande ineludibili come quelle scritte nella metropolitana "il futuro non è più quello di una volta".

La sintesi dell'intervento di Fassino si sviluppa nel blocco seguente (355 parole), mentre i restanti tre capoversi raccontano altri particolari. Colpisce innanzitutto il fatto che sia l'ANSA a inseguire il "Corriere". Il capoverso che abbiamo riportato, infatti, è tratto dalla lunga intervista curata per il quotidiano milanese da Aldo Cazzullo, che è riassunta in modo approssimativo: l'aggettivo *ineludibile* non si adatta, infatti, alla frase «il futuro non è più quello di una volta», che non è una domanda e ricalca il paradossale titolo di una raccolta di poesie di Mark Strand; leggiamo uno stralcio dell'intervista completa pubblicata nel sito www.corriere.it:

Intellettuali come Andreatta e Gitti e anche ex dirigenti di partito come Parisi e Veltroni paventano una fusione fredda. «Non è così, e l'ho constatato di persona girando l'Italia, vedendo cinema e teatri pieni non solo di militanti ma di persone che non hanno mai avuto tessere». Fassino si rivolgerà in particolare a loro, anche con esempi concreti: dallo studente che chiede al partito democratico di affrontare le questioni prossime venture (magari rivolgendo domande impegnative tipo "come mai non fa più freddo?"), alla scritta notata su un muro della metropolitana: "Il futuro non è più quello di una volta".

Il redattore dell'ANSA ha annullato la domanda dello studente e ha sostituito *impegnative* (di cui non ha colto l'ironia) con il quasi sinonimo ricercato *ineludibili*; il maldestro lavoro di taglia e incolla puntava all'animazione del pezzo, mimando il parlato (la frase lineare sarebbe stata: «Il leader della Quercia Piero Fassino vorrebbe coinvolgere anche Carlo Azeglio Ciampi nel nuovo partito democratico»); nell'esempio notiamo anche l'uso del neretto al solo scopo di sottolineare visivamente l'inizio di capoverso. Vediamo allora come lo stesso tema era trattato, nello stesso giorno, nella pagina iniziale del sito del "Corriere":

DS a Firenze, al via l'ultimo congresso Il partito americano *di Paolo Mieli*. Fassino: nel PD vorrei Ciampi. Via alle assise di Firenze e Roma (Margherita) che sanciranno la fusione nel nuovo soggetto unitario. I temi sul tappeto, le sfide tra le diverse anime
• Verso il PD: lo speciale|Forum Parole**&**Politica|Calendario *D.Loggia*
• La **diretta** dell'assise dalle ore 15, in collaborazione con "*Nessuno TV*"

In tutto 64 parole fatte solo di titoli che rinviano ad approfondimenti interni, articoli di alcuni noti editorialisti, un forum dedicato al tema e una diretta via rete: tutti i testi contengono un collegamento ipertestuale, in qualche caso a pagine fisse, come quelle del forum, che ospita a cadenza regolare argomenti diversi, o come quella che porta al sito di "Nessuno TV" (le parole qui in neretto erano in rosso nell'originale). Mettendo da parte l'articolo di Mieli, i primi due titoli sono quasi identici a quelli dell'ANSA; il terzo ripete banalmente l'apertura nominale («*al via* l'ultimo congresso» – «*via* alle assise»), ma prosegue con una frase verbale; il resto è elencativo o serve solo da didascalia ai collegamenti interni. Il giorno dopo, tutti i giornali aprivano con la cronaca del congresso diessino, ma con stile ben diverso. "La Stampa", per esempio, affiancava in prima una batteria di *testi plurimi* (cfr. PAR. 3.2): un editoriale di Luigi La Spina e due commenti, di Federico Geremicca e Lucia Annunziata; nessuna cronaca secca dell'evento (cui erano dedicate le pagine 2-3 a schermo), ma tre commenti brillanti, i cui attacchi sono ben più caratterizzati di quello dell'intervista raccolta nel sito ANSA. Eccoli:

La Spina, *Il doppio strappo* Non esageriamo. A Firenze, ieri, non è davvero cominciata una "nuova storia", come, con la retorica tipica dei congressi, ha evocato la relazione di Fassino.
Geremicca, *Tra sezioni e gazebo* Contano più le facce che le parole, certe volte. E noi, in questo giorno del Partito che muore, ne prendiamo due: e non quella di Fabio Mussi.
Annunziata, *La mossa del cavallo* Piero Fassino ha fatto la mossa del cavallo: pericolosamente insidiato dal movimentismo ulivista, lo ha assunto, fatto suo, e scavalcato.

La punteggiatura è marcata (si notino l'*E* a inizio di frase e l'uso un po' anomalo dei due punti da parte di Geremicca), lo stile è più narrativo nei primi due, più tecnico nel terzo (con i frammenti di politichese *movimentismo* e *ulivista*); in ogni caso, una scelta tutta giocata sull'approfondimento, che dà per scontata nel lettore la conoscenza, almeno per sommi capi, di quel che è avvenuto a Firenze il giorno prima, e cerca di solleticarne la simpatia (attacco colloquiale di La Spina) o la curiosità (Geremicca: perché i gazebo? E di quali facce si tratterà se non di quella di Mussi? La risposta nelle pagine interne) o ancora la voglia di un'interpretazione (Annunziata).
Insomma, l'informazione su carta si conferma la sede dell'approfondimento, quella in rete un contenitore a più livelli, che il navigatore può maneggiare come preferisce, restando in superficie o sprofondando nei suoi sotterranei. Quali le conseguenze per chi deve scrivere i testi? In generale, sarà meglio costruire il testo "a strati" (notizia principale, notizie di supporto, informazioni di sfondo), lasciando al lettore la scelta del livello di approfondimento preferito. I giornalisti più scaltri suggeriscono poi altri espedienti orientati a incuriosire il lettore, a spingerlo a fermarsi: mostrare l'azione piuttosto che raccontarla, citare casi e persone concreti, che abbiano una forza esemplare, servirsi di citazioni dirette brevi ed efficaci rinunciando al discorso indiretto o a riportare lunghi stralci di testo. Cambia il modo di raccontare le storie: l'obiettivo è

mettere l'utente al centro delle preoccupazioni di chi scrive, sforzandosi di rendere la sua esperienza la più piacevole possibile producendo testi pensati per una «lettura più rilassata e "amichevole"» (Tedeschini Lalli, 2003, p. 250).

Per riassumere...

- La giovane storia dei giornali in rete ha già vissuto più fasi di passaggio e di evoluzione, nelle forme e nel rapporto con la stampa tradizionale. Interattività, multimedialità e infinita possibilità di approfondimenti sono le carte vincenti dell'informazione in Internet, ma non sempre queste potenzialità sono sfruttate appieno.
- I vincoli tecnici (spazio sullo schermo, illuminazione, postura ecc.) esercitano influssi sulla lettura, che è veloce, frammentata, casuale, ma anche sulla scrittura, che deve tener conto delle caratteristiche dello strumento.
- I testi in rete, spesso prodotto di un frettoloso taglia e incolla, possono risultare troppo semplificati, al punto da ignorare regole di grammatica e sintassi, o viceversa troppo contorti e pesanti. Anche se non esistono regole certe per una "buona scrittura" in rete, brevità, attenzione all'essenziale e buona organizzazione logica dei collegamenti e degli approfondimenti sono principi validi per non affaticare il lettore.

Bibliografia

ADAMO G., DELLA VALLE V. (2003), *Neologismi quotidiani. Un dizionario a cavallo del millennio*, Olschki, Firenze.

IDD. (2006), *2006 parole nuove. Un dizionario di neologismi dai giornali*, Sperling & Kupfer, Milano.

AGOSTINI A. (2004), *Giornalismi. Media e giornalisti in Italia*, il Mulino, Bologna.

ANANIA F. (2007), *Storia delle comunicazioni di massa*, UTET Università, Torino.

ANICHINI A. (2003), *Testo, scrittura, editoria multimediale*, Apogeo, Milano.

ANTELMI D. (2006), *Il discorso dei media*, Carocci, Roma.

ANTONELLI G. (2007), *L'italiano nella società della comunicazione*, il Mulino, Bologna.

ARCANGELI M. (2001), *Se quella dei quotidiani italiani è una lingua. Con esercizi di riscrittura*, in "Lingua Nostra", LXIII, pp. 107-21.

BANDINELLI A., LUSSU G., IACOBELLI R. (1990), *Farsi un libro*, Stampa Alternativa, Roma.

BENCINI A., MANETTI B. (2005), *Le parole dell'Italia che cambia*, Le Monnier, Firenze.

BONOMI I. (2002), *L'italiano giornalistico. Dall'inizio del '900 ai quotidiani on line*, Cesati, Firenze.

EAD. (2003), *La lingua dei quotidiani*, in I. Bonomi, A. Masini, S. Morgana (a cura di), *La lingua italiana e i mass media*, Carocci, Roma, pp. 127-64.

BRIGIDA F., BAUDI DI VESME P., FRANCIA L. (2002), *Media e pubblicità in Italia*, FrancoAngeli, Milano.

BRUNI F., RASO T. (a cura di) (2002), *Manuale dell'italiano professionale. Teoria e didattica*, Zanichelli, Bologna.

CARLINI F. (2004), *Parole di carta e di web*, Einaudi, Torino.

CASTELLANI POLLIDORI O. (2002), *Aggiornamento sulla "lingua di plastica"*, in "Studi Linguistici Italiani", XXVIII, pp. 161-96.

CICALESE A. (2000), *Titolazione e immagini nella stampa quotidiana*, in L. Pallotti (a cura di), *Scrittura e comunicazione*, Bompiani, Milano, pp. 139-55.

CONTALDO A., DI FABIO P. (2000), *Giornalismo on-line*, Centro di documentazione giornalistica, Milano.

D'ACHILLE P. (2003), *L'italiano contemporaneo*, il Mulino, Bologna.

DARDANO M. (1986), *Il linguaggio dei giornali italiani*, Laterza, Roma-Bari.

ID. (1998), *Il linguaggio dell'economia e della finanza*, in I. Domenighetti (a cura di), *Con felice esattezza. Economia e diritto fra lingua e letteratura*, Edizioni Casagrande, Bellinzona, pp. 65-88.

ID. (2002), *La lingua dei media*, in V. Castronovo, N. Tranfaglia (a cura di), *La stampa nell'età della TV. Dagli anni Settanta a oggi*, Laterza, Roma-Bari, pp. 245-75.

DARDANO M. *et al.* (1992), *Testi misti*, in B. Moretti, D. Petrini, S. Bianconi (a cura di), *Linee di tendenza dell'italiano contemporaneo*, Bulzoni, Roma, pp. 323-52.

DARDANO M. *et al.* (2005), *Anglofilia (para)testuale e morfologica?*, in I. Korzen, P. D'Achille (a cura di), *Tipologia linguistica e società*, Cesati, Firenze, pp. 229-48.

DE BENEDETTI A. (2004), *L'informazione liofilizzata. Uno studio sui titoli di giornale (1992-2003)*, Cesati, Firenze.

DE MAURO T. (1986), *Storia linguistica dell'Italia unita*, Laterza, Roma-Bari.

ID. (2003), *Il linguaggio giornalistico*, in Roidi (2003), pp. 112-41.

DEVOTO G. (1939), *Le lingue speciali. Le cronache del calcio*, in "Lingua Nostra", I, pp. 17-22.

FAUSTINI G. (a cura di) (1995), *Le tecniche del linguaggio giornalistico*, Carocci, Roma.

FIORI G. (2002), *L'informazione economica*, in V. Castronovo, N. Tranfaglia (a cura di), *La stampa nell'età della TV. Dagli anni Settanta a oggi*, Laterza, Roma-Bari, pp. 505-36.

FUCCIO G., PEDICINI M. (a cura di) (2003), *Fare il giornale nelle scuole. Un progetto dell'Ordine dei giornalisti*, Realtà Sannita, Benevento.

GIOVANARDI C. (2006), *Il linguaggio sportivo*, in P. Trifone (a cura di), *Lingua e identità*, Carocci, Roma, pp. 241-68.

GIOVANARDI C., GUALDO R. (2003), *Inglese-italiano 1 a 1. Tradurre o non tradurre le parole inglesi?*, Manni, Lecce.

GOZZINI G. (2001), *Storia del giornalismo*, Bruno Mondadori, Milano.

LEPRI S. (2003), *Storia e funzioni delle agenzie d'informazione*, in Roidi (2003), pp. 182-237.

LIVOLSI M. (a cura di) (2003), *Il pubblico dei media. La ricerca nell'industria culturale*, Carocci, Roma.

LOPORCARO M. (2005), *Cattive notizie. La retorica senza lumi dei mass media italiani*, Feltrinelli, Milano.

LORUSSO A. M., VIOLI P. (2004), *Semiotica del testo giornalistico*, Laterza, Roma-Bari.

MANCINI P. (2000), *Il sistema fragile*, Carocci, Roma.

MASINI A. (1994), *La lingua dei giornali dell'Ottocento*, in *Storia della lingua italiana*, diretta da L. Serianni e P. Trifone, II. *Scritto e parlato*, Einaudi, Torino, pp. 635-65.

MATRICCIANI E. (2003), *Fondamenti di comunicazione tecnico-scientifica*, Apogeo, Milano.

MAZZANTI A. (1991), *L'obiettività giornalistica: un ideale maltrattato*, Liguori, Napoli.

MEDICI M., CAPPELLUZZO SPRINGOLO S. (1991), *Il titolo del film nella lingua comune*, Bulzoni, Roma.

MEYROWITZ J. (1995), *Oltre il senso del luogo: come i media elettronici influenzano il comportamento sociale*, Baskerville, Bologna.

MORCELLINI M., MIDULLA F. (2003), *La società, il lettore, l'utente*, in Roidi (2003), pp. 272-323.

MORCELLINI M., ROBERTI G. (2001), *Multigiornalismi. La nuova informazione nell'era di Internet*, Guerini e Associati, Milano.

MORTARA GARAVELLI B. (1993), *Strutture testuali e retoriche*, in A. A. Sobrero (a cura

di), *Introduzione all'italiano contemporaneo. Le strutture*, Laterza, Roma-Bari, pp. 371-402.
EAD. (1995), *Ricognizioni. Retorica, grammatica, analisi di testi*, Morano, Napoli.
EAD. (2003), *Prontuario di punteggiatura*, Laterza, Roma-Bari.
MURIALDI P. (1975), *Come si legge un giornale*, Laterza, Bari.
ID. (2000), *Storia del giornalismo italiano*, il Mulino, Bologna.
NEGROPONTE N. (1995), *Essere digitali*, Sperling & Kupfer, Milano.
NIELSEN J. (2000), *Web usability*, Apogeo, Milano.
ORMEZZANO G. P. (2002), *La stampa sportiva*, in V. Castronovo, N. Tranfaglia (a cura di), *La stampa nell'età della TV. Dagli anni Settanta a oggi*, Laterza, Roma-Bari, pp. 387-418.
PALERMO M. (1997), *La lingua in agenzia: aspetti della norma e dell'uso dell'ANSA*, in *Norma e lingua in Italia*, Istituto Lombardo Accademia di Scienze e Lettere, Milano, pp. 185-205.
PAPUZZI A. (1998), *Letteratura e giornalismo*, Laterza, Roma-Bari.
ID. (2002), *Professione giornalista*, Donzelli, Roma.
PETRALLI A. (2004), *Media in scena e nuovi linguaggi*, Carocci, Roma.
PEZZINI I. (a cura di) (2002), *Trailer, spot clip, siti, banner. Le forme brevi della comunicazione audiovisiva*, Meltemi, Roma.
PISTOLESI E. (2004), *Il parlar spedito: l'italiano di chat, e-mail e SMS*, Esedra, Padova.
POGGIALI V. (2000), *Giornalismo economico*, Centro di documentazione giornalistica, Roma.
ID. (2004), *Orso in piazza affari getta nel panico il parco buoi. L'informazione economica parola per parola*, Centro di documentazione giornalistica, Roma.
PRATELLESI M. (2004), *New Journalism. Teorie e tecniche del giornalismo multimediale*, Bruno Mondadori, Milano.
PROIETTI D. (1992), *«La vetrina del giornale», funzioni, comunicazione e caratteri stilistico-grammaticali della titolazione dei quotidiani tra lingua e codice iconico*, in M. Medici, D. Proietti (a cura di), *Il linguaggio del giornalismo*, Mursia, Milano, pp. 117-72.
RASO T. (2005), *La scrittura burocratica*, Carocci, Roma.
RIZZA S. (2003), *Tecniche ed Etica del corretto informare*, in Roidi (2003), pp. 142-81.
ROIDI V. (a cura di) (2003), *Studiare da giornalista. 1. Il sistema dell'informazione*, Centro di documentazione giornalistica, Roma.
ROSSI F. (2002), *La lingua in gioco*, Bulzoni, Roma.
SABATINI F. (2004), *L'ipotassi "paratattizzata"*, in P. D'Achille (a cura di), *Generi, architetture e forme testuali*, Atti del VII convegno SILFI, Cesati, Firenze, vol. I, pp. 61-71.
SAVARESE R. (1991), *Grafica quotidiana*, in M. A. Bonfantini, A. Martone (a cura di), *Specchi del senso. Le semiotiche speciali*, ESI, Napoli, pp. 183-203.

SERIANNI L. (1989), *Il primo Ottocento*, in F. Bruni (a cura di), *Storia della lingua italiana*, il Mulino, Bologna.
ID. (1990) *Il secondo Ottocento*, in F. Bruni (a cura di), *Storia della lingua italiana*, il Mulino, Bologna.
ID. (2000), *Alcuni aspetti del linguaggio giornalistico recente*, in S. Vanvolsem *et al.* (a cura di), *L'italiano oltre frontiera*, V Convegno internazionale (Leuven, 22-25 aprile 1998), vol. I, Leuven University Press-Cesati, Leuven-Firenze, pp. 317-58.
ID. (2003), *I giornali scuola di lessico?*, in "Studi Linguistici Italiani", XXIX, pp. 261-73.
ID. (2007), *Italiani scritti*, il Mulino, Bologna.
SIMONE R. (2001), *Tre paradigmi di scrittura*, in S. Covino (a cura di), *La scrittura professionale. Ricerca, prassi, insegnamento*, Olschki, Firenze, pp. 33-52.
SORRENTINO C. (a cura di) (2003), *Il giornalismo in Italia. Aspetti, processi produttivi, tendenze*, Carocci, Roma.
STAGLIANÒ R. (2002), *Giornalismo 2.0. Fare informazione al tempo di Internet*, Carocci, Roma.
TARANTINI N. (1998), *Il nostro giornale quotidiano. Il mestiere di giornalista*, Pratiche, Milano.
TEDESCHINI LALLI M. (2003), *Giornalismo on line*, in Roidi (2003), pp. 238-71.
TESI R. (1997), *Linguaggio politico e propaganda radiofonica: l'italiano di "Radio Londra"*, in *Gli italiani trasmessi. La radio*, Accademia della Crusca, Firenze, pp. 69-106.
ID. (2006), *Storia dell'italiano. La lingua moderna e contemporanea*, Zanichelli, Bologna.
TOMON D. (2002), *La notizia*, in Bruni, Raso (2002), pp. 92-9.
TRANFAGLIA N. (2003), *La lingua dei giornali oggi*, in F. Lo Piparo, G. Ruffino (a cura di), *Gli italiani e la lingua*, Sellerio, Palermo, pp. 268-72.
TRAVAGLIO M. (2007), *La scomparsa dei fatti*, Il Saggiatore, Milano.
VALENTINI G. (2000), *Media village. L'informazione nell'era di Internet*, Donzelli, Roma.
VIOLI P. (1977), *I giornali dell'estrema sinistra*, Garzanti, Milano.
ZACCARIA R. (2004), *Diritto dell'informazione e della comunicazione*, CEDAM, Padova.